하나님의 성품을 담은

_______________ 에게

지은이 **이영숙 박사**

창조주 하나님의 성품(Character)을 교육적 토대 위에 세워, 전 생애를 관통하는 '성품교육(Character Education)'으로 개척한 교육자이자 선구자이다. 태아부터 시니어에 이르기까지 모든 세대에게 좋은 성품을 세우는 일에 헌신하며 하나님의 사랑과 공의, 예수님의 은혜와 진리라는 복음의 핵심 가치를 연구하고 가르쳐 왔다.

이영숙 박사는 2005년 좋은나무성품학교(Goodtree Character School)를 설립한 이후, 하나님 나라의 가치와 성경적 세계관을 바탕으로 경청·긍정적인 태도·기쁨·배려·감사·순종·인내·책임감·절제·창의성·정직·지혜의 12가지 성품을 인지·정서·행동 영역에서 구현할 수 있는 교육의 언어로 정립했다. 이 사역을 통해 미국과 한국, 유럽의 가정·교회·학교와 협력하며 세계 곳곳에서 다음 세대를 하나님의 좋은 성품으로 세우는 일에 매진하고 있다.

20여 년간 대학 강단과 교육 현장을 오가며 부모·교사·아이들에게 연구와 지도를 이어온 결과, '12성품교육'은 인간 존재에 대한 성경적 통찰과 기독교 교육 철학이 응축된 결실로 평가받으며, 100만 명이 넘는 가정과 교육 현장에 실제적이고 감동적인 변화를 일으켰다. 이영숙 박사가 고안한 교육 프로그램과 교재는 교육부 '우수 인성교육 프로그램' 인증과 서울시교육청 인정도서 선정 등을 통해 공교육과 신앙교육 모두에서 가치를 입증 받았고, 연령별 성품 발달을 정교하게 반영한 12성품교육(특허 제10-1059306호, 제10-1059354호)과 루아흐(Ruah)교육(특허 제10-2034158호, 국제출원 PCT-KR2019-003824, 미국출원 16/393,979)은 말씀에 기초한 교육으로 독창성과 우수성을 공식 인정받았다.

이번에 출간한 『성품바이블(Character Bible)』은 다음 세대에게 하나님의 성품을 전하고자 하는 이영숙 박사의 오랜 기도와 헌신이 맺은 열매이다. 성경 말씀 속에 흐르는 하나님의 '사랑'의 성품을 다음 세대의 눈높이에 맞게 '공감인지능력'으로 풀어내어, 아이들이 창조주 하나님을 더 깊이 알고 가정과 교회 안에서 하나님의 사랑을 실제로 살아내도록 돕기 위해 집필되었다.

프로필 및 저서

(사)한국성품협회 | 좋은나무성품학교 설립 이사장
GICS 좋은나무기독학교 Headmaster | 좋은성품 선교회 대표목사(KAICAM)
미국 Good Tree Mission / California Grace University 총장 | 한국성품학회 학회장 | 前 건양대학교 대학원 교수
EBS, KBS, MBC, SBS, 세바시 147회, CTS 내가 매일 기쁘게 "K-성품교육 美교회를 살렸다!" 편 출연
좋아성: 좋은 성품으로 지키는 아름다운 성 | Character Innovation(성품이노베이션 영문판) | 성품양육법 | 성품훈계법 |
성품대화법 | 성품이노베이션 | 하루 10분, 내 아이를 알아가는 성품놀이 | 여성을 위한 성품리더십 | 잔소리의 품격 |
MBC와 함께한 이영숙 박사의 인성솔루션 '성품 ON' | 인성을 가르치는 학교 만들기 | 이영숙 박사의 12성품론 외 다수 집필

번역 및 내레이션 **김희종 박사**

GICS 좋은나무기독학교 교장 | 경희대학교 대학원 겸임교수 | 아주대학교 대학원 교육학 박사
횃불트리니티신학대학원대학교 M.Div. | 캘리포니아대학교 버클리캠퍼스 로스쿨 법학 석사

초판 발행 2025년 12월 19일
글 | 이영숙 **번역 및 내레이션 |** 김희종
총괄기획 | 좋은나무성품학교 교육팀 **책임편집 |** 좋은나무성품학교 출판팀 **편집디자인 |** 좋은나무성품학교 디자인팀
발행인 | 김희종 **발행처 |** LYS좋은나무성품학교 **홈페이지 |** www.goodtree.or.kr / www.goodtreemission.com
등록일자 | 2016년 6월 16일 **등록번호 |** 제2016-000074호 **주소 |** 서울시 송파구 백제고분로 187 **전화번호 |** 1577-3828
ISBN: 979-11-6326-230-5

재미있는 성경이야기로 배우는 하나님의 사랑

CHARACTER BIBLE

성품바이블

공감인지능력 편

공감인지능력이란?
다른 사람의 기본적인 정서, 즉 고통과 기쁨, 아픔과 슬픔에 공감하는 능력으로 동정이 아닌 타인에 대한 이해를 바탕으로 하여 정서적 충격을 감소시켜 주는 능력(좋은나무성품학교 정의)입니다.

CONTENTS

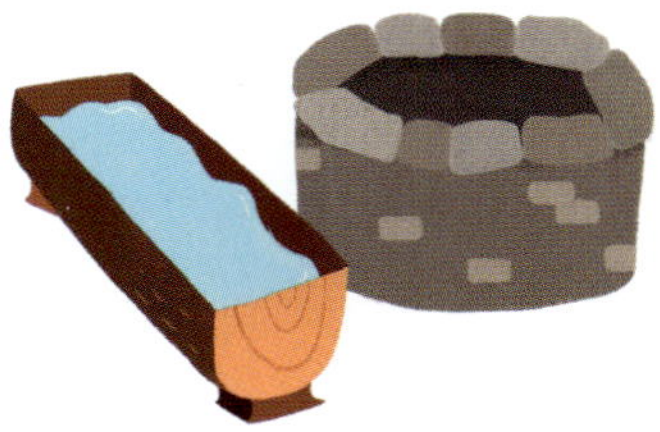

프롤로그

성품의 씨앗 하나가
아이의 인생을 위대한 숲으로 자라게 합니다.

아이는 빈 도화지와 같습니다.
우리는 그 위에 가장 먼저 무엇을 그려주어야 할까요?
언어일까요, 숫자일까요,
아니면 음악 속 숨은 재능일까요?

부모가 자녀에게 줄 수 있는
가장 위대한 선물, 가장 위대한 유산은
'하나님을 아는 것'입니다.

시편 기자는 말합니다.
"여호와를 자기 하나님으로 삼는 백성은 복이 있도다" (시편 144:15)

하나님을 '아는 것'에서 시작해
그분을 '신뢰'하고
마침내 '자기 하나님'으로 섬기는 삶.
그 여정 속에서 우리는 진짜 복을 만납니다.

그러니 아이의 마음에 가장 먼저 심어야 할 것은
지식도, 성취도 아닌 하나님의 성품입니다.

사랑과 공의의 하나님(예레미야 9:24),
은혜와 진리의 예수님(요한복음 1:14)을 알고
그분의 성품을 따라 산다면
아이의 인생은 이미 복된 길에 올라선 것입니다.

엄마의 하나님, 아빠의 하나님을 넘어
"하나님은 나의 하나님이에요"
이 고백이 아이의 입에서 흘러나오기까지.
우리는 날마다 성실히
하나님의 성품을 말씀으로 자녀에게 들려주어야 합니다.

아이의 생각 속에, 감정 속에, 행동 속에
예수님의 성품이 스며들고
그 성품이 일상에서 자연스럽게 표현되도록 하는 것입니다.

《성품바이블》에는
다음 세대를 향한 거룩한 꿈이 담겨 있습니다.

하나님의 성품으로 자라날
'성품의 아이'를 향한 소망이지요.
다음 세대가 하나님의 사랑과
공의의 성품을 닮아가는 꿈입니다.

좋은나무성품학교는 그 꿈을
하나님의 사랑을 담은 공감인지능력의
여섯 가지 성품으로 풀어냅니다.
경청(Attentiveness), 긍정적인 태도(Positive Attitude),
기쁨(Joyfulness), 배려(Caring), 감사(Gratefulness),
순종(Obedience).

그리고 하나님의 공의를 담은 분별력의
여섯 가지 성품, 인내(Patience), 책임감(Responsibility),
절제(Self-Control), 창의성(Creativity), 정직(Honesty),
지혜(Wisdom)로 펼칩니다.

《성품바이블 - 공감인지능력 편》은
다음 세대에게 하나님의 사랑을 심는 첫 씨앗입니다.
오늘 우리가 심은 성품의 말씀 씨앗 하나가
아이의 인생에 울창한 숲이 되어줄 것입니다.
그리고 언젠가 그 숲 어귀에서 우리는 마주하게 되겠지요.

사랑의 빛을 닮은 좋은 나무들이 자라고
세상을 향해 잎을 펼치며
생명의 열매를 맺는 다음 세대의 모습을 말입니다.

그 소망을 담아
오늘 이 책을 아이의 손에,
그리고 부모님과 선생님의 가슴에 조용히 건넵니다.

씨앗은 준비되었습니다.
이제, 하나님의 성품을 심을 시간입니다.

2025년 12월
좋은나무성품학교 20주년을 기념하며
이영숙 박사

재미있는 성경이야기로 배우는 하나님의 사랑

CHARACTER BIBLE

성품바이블

경청

상대방의 말과 행동을 잘 집중하여 들어 상대방이 얼마나 소중한지 인정해 주는 것

Being thoughtful to the words and actions of others, to show you care about them.

좋은나무성품학교 정의

경청

경청하는 사무엘

사무엘상 3:1-10

1 어린 사무엘이 엘리 곁에서 주님을 섬기고 있을 때이다. 그 때에는 주님께서 말씀을 해주시는 일이 드물었고, 환상도 자주 나타나지 않았다.

2 어느 날 밤, 엘리가 잠자리에 누워 있을 때였다. 그는 이미 눈이 어두워져서 잘 볼 수가 없었다.

3 사무엘은 하나님의 궤가 있는 주님의 성전에서 잠자리에 누워 있었다. 이른 새벽, 하나님의 등불이 아직 환하게 밝혀져 있을 때에,

4 주님께서 "사무엘아, 사무엘아!" 하고 부르셨다. 그는 "제가 여기 있습니다" 하고 대답하고서,

5 곧 엘리에게 달려가서 "부르셨습니까? 제가 여기 왔습니다" 하고 말하였다. 그러나 엘리는 "나는 너를 부르지 않았다. 도로 가서 누워라" 하고 말하였다. 사무엘이 다시 가서 누웠다.

6 주님께서 다시 "사무엘아!" 하고 부르셨다. 사무엘이 일어나 엘리에게 가서 "부르셨습니까? 제가 여기 왔습니다" 하고 말하였다. 그러나 엘리는 "얘야, 나는 너를 부르지 않았다. 도로 가서 누워라" 하고 말하였다.

7 이 때까지 사무엘은 주님을 알지 못하였고, 주님의 말씀이 그에게 나타난 적도 없었다.

8 주님께서 사무엘을 세 번째 부르셨다. 사무엘이 일어나 엘리에게 가서 "부르셨습니까? 제가 여기 왔습니다" 하고 말하였다. 그제야 엘리는, 주님께서 그 소년을 부르신다는 것을 깨닫고,

9 사무엘에게 일러주었다. "가서 누워 있거라. 누가 너를 부르거든 '주님, 말씀하십시오. 주님의 종이 듣고 있습니다' 하고 대답하여라." 사무엘이 자리로 돌아가서 누웠다.

10 그런 뒤에 주님께서 다시 찾아와 곁에 서서, 조금 전처럼 "사무엘아, 사무엘아!" 하고 부르셨다. 사무엘은 "말씀하십시오. 주님의 종이 듣고 있습니다" 하고 대답하였다.

경청하는 사무엘

어린 사무엘은 엘리 제사장과 함께 성전에서 살면서
하나님의 말씀을 배우고 있었어요.
어느 날, 사무엘이 '새근새근' 잠을 자고 있던 고요한 밤중에
사무엘의 이름을 부르는 소리가 들렸어요.
"사무엘아! 사무엘아!"
사무엘은 깜짝 놀라 일어났어요.
그리고 곧장 엘리 제사장에게 달려갔어요.
"엘리 제사장님, 저를 부르셨나요?"
"아니, 아니! 나는 너를 부르지 않았단다."
사무엘은 방으로 돌아와 다시 잠을 자려고 누웠어요.
그런데 또다시 자신을 부르는 소리가 들렸어요.
"사무엘아! 사무엘아!"
사무엘은 다시 엘리 제사장에게 달려갔지요.
"엘리 제사장님, 저를 부르셨나요?"
"아니! 아니! 나는 너를 부르지 않았단다."
똑같은 일이 한 번, 두 번, 세 번 일어나자
엘리 제사장은 사무엘을 부르는 소리가 하나님의 소리라는 것을 알게 되었어요.
엘리 제사장이 사무엘에게 그 사실을 말해 주었어요.
"사무엘아, 너를 부르는 소리가 다시 들리거든 '제가 여기 있습니다.
말씀하세요. 제가 듣겠습니다!'라고 말하거라.
하나님께서 너를 부르시는구나!"
방으로 돌아온 사무엘은 다시 한 번
하나님께서 자신을 부르시는 소리를 듣게 되었어요.
"사무엘아, 사무엘아!"
"네, 하나님! 제가 여기 있습니다. 말씀하세요. 제가 듣겠습니다!"

하나님의 부르심에 경청하여 대답한 사무엘에게
하나님은 앞으로 이루어질 놀라운 비밀을 말씀해 주셨고,
사무엘은 백성들을 위해 하나님의 계획을 듣고 가르치는 선지자가 되었답니다.

Samuel Shows Attentiveness

Young Samuel was living in the temple
with Priest Eli and learning God's word.
One quiet night, while Samuel was sleeping,
he heard someone calling his name.
"Samuel! Samuel!"
Samuel woke up surprised.
He quickly ran to Priest Eli. "Priest Eli, did you call me?"
"No, no! I did not call you."
Samuel returned to his room and tried to sleep again.
But he heard the same voice calling him.
"Samuel! Samuel!"
Samuel ran to Priest Eli again.
"Priest Eli, did you call me?"
"No! No! I did not call you."
The same thing happened once, twice, three times,
and Priest Eli realized that the voice calling Samuel was God's voice.
Priest Eli told Samuel about it.
"Samuel, if you hear the voice calling you again, say
'Here I am. Speak, for your servant is listening.' It is God who is calling you!"
Samuel returned to his room and once again heard God calling him.
"Samuel, Samuel!"
"Yes, God! Here I am. Speak, for your servant is listening!"

God revealed wonderful secrets to Samuel,
who responded by listening to God's call.
Samuel became a prophet who listened to and
taught God's plans to the people.

경청 태도연습

나를 부르는 소리에 대답해요.

사무엘은 하나님께서 자신을 부르는 소리를 경청하여 듣고,
"네!"하고 대답했어요.
다른 사람이 나를 부를 때 나는 어떻게 해야 하나요?
부모님, 선생님 등 어른들이 나를 부르시면 "네!"하고 대답해 보세요.
그리고 친구들, 동생이 나를 부르면 "응!"이라고 대답해 보세요.
경청은 나를 부르는 소리를 잘 듣고 대답하는 것이랍니다.

경청

선생님의 말씀에 경청하신 예수님

누가복음 2:41-52

41 예수의 부모는 해마다 유월절에 예루살렘으로 갔
다.

42 예수가 열두 살이 되는 해에도, 그들은 절기 관습
을 따라 유월절을 지키러 예루살렘에 올라갔다.

43 그런데 그들이 절기를 마치고 돌아올 때에, 소년
예수는 예루살렘에 그대로 머물러 있었다. 그의 부모
는 이것을 모르고,

44 일행 가운데 있으려니 생각하고, 하룻길을 갔다.
그 뒤에 비로소 그들의 친척들과 친지들 가운데서 그
를 찾았으나,

45 찾지 못하여, 예루살렘으로 되돌아가서 찾아다
녔다.

46 사흘 뒤에야 그들은 성전에서 예수를 찾아냈는
데, 그는 선생들 가운데 앉아서, 그들의 말을 듣기도
하고, 그들에게 묻기도 하고 있었다.

47 그의 말을 듣고 있던 사람들은 모두 그의 슬기와
대답에 경탄하였다.

48 그 부모는 예수를 보고 놀라서, 어머니가 예수에
게 말하였다. "얘야, 이게 무슨 일이냐? 네 아버지
와 내가 너를 찾느라고 얼마나 애를 태웠는지 모른
다."

49 예수가 부모에게 말하였다. "어찌하여 나를 찾으
셨습니까? 내가 내 아버지의 집에 있어야 할 줄을
알지 못하셨습니까?"

50 그러나 부모는 예수가 자기들에게 한 그 말이 무
슨 뜻인지를 깨닫지 못하였다.

51 예수는 부모와 함께 내려가 나사렛으로 돌아가
서, 그들에게 순종하면서 지냈다. 예수의 어머니는
이 모든 일을 마음에 간직하였다.

52 예수는 지혜와 키가 자라고, 하나님과 사람에게
더욱 사랑을 받았다.

선생님의 말씀에 경청하신 예수님

예수님이 열두 살 때
온 가족이 예루살렘에 가서 함께 유월절 예배를 드렸어요.
예배를 마치고 모두 집으로 돌아가는데 마리아가 깜짝 놀라 소리쳤어요.
"어머, 내 아들이 없어졌어요!"
마리아는 북적북적 많은 사람들 속에서 예수님을 잃어버렸다고 생각했어요.
"예수야 어디 있니? 예수야!"
아빠, 엄마, 고모, 삼촌, 할아버지, 할머니
온 가족이 어린 예수님을 샅샅이 찾아다녔어요.

이 골목 저 골목, 이 집 저 집을 찾다가 마침내 예수님을 발견했어요.
"찾았다!"
어린 예수님은 예루살렘 성전에 계셨어요.
하나님 나라에 대한 지식이 많고,
똑똑한 율법 선생님들과 함께 둘러앉아 있었지요.
율법 선생님들의 눈을 쳐다보며 질문도 하고,
고개를 끄덕여 경청하는 어린 예수님의 태도를 보고 사람들은 깜짝 놀랐어요.
마리아가 예수님을 나무라며 말했어요.
"얘야, 모두 집으로 떠났는데 너는 왜 여기에 있니?
우리가 널 얼마나 찾았는지 아니?"
"왜 저를 찾으셨어요?
제가 아버지의 집인 이곳에 있어야 하는 줄을 모르셨어요?"
어린 예수님은 하나님께서 자신의 참 아버지임을 알고 마리아에게 대답했지만,
요셉과 마리아는 예수님이 하신 말씀이 무슨 뜻인지 이해하지 못했어요.
그러나 마리아는 이 모든 일을 마음속에 간직해 두었지요.
그 후 예수님은 부모님과 함께 집으로 돌아와 부모님께 순종하며 살았어요.

예수님은 하나님과 부모님, 선생님의 말씀에 잘 경청하는
좋은 성품을 통해 하나님과 사람들의 축복을 받으며,
더욱더 지혜롭고 사랑스럽게 자라나셨답니다.

Jesus Showed Attentiveness to His Teacher

When Jesus was twelve years old,
his whole family went to Jerusalem to celebrate the Passover.
After the celebration, everyone was returning home when Mary suddenly exclaimed,
"Oh no, my son is missing!"
Mary thought she had lost Jesus among the many people.
"Jesus, where are you? Jesus!"
The whole family,
including father, mother, aunt, uncle, grandfather, and grandmother,
searched for young Jesus everywhere.

They looked in every street and every house until they finally found him.
"Found him!"
Young Jesus was in the Jerusalem temple.
He was sitting with the knowledgeable and intelligent law teachers,
asking them questions and nodding his head as he listened attentively.
People were amazed at the sight of young Jesus looking into the eyes of the law teachers, asking questions, and listening attentively.
Mary scolded Jesus, saying,
"Son, everyone has left for home, but why are you still here?
Do you know how worried we were looking for you?"
"Why were you searching for me?
Didn't you know I had to be in my Father's house?"
Although young Jesus knew that God was his true Father and answered Mary,
Joseph and Mary did not understand what he meant.
However, Mary treasured all these things in her heart.
After that, Jesus returned home with his parents and lived in obedience to them.

Jesus grew in wisdom and stature, and in favor with God and man, through his good character of listening to God, his parents, and his teachers.

경청 태도연습

말하는 사람의 눈을 바라봐요

다른 사람의 말을 들을 때는 태도가 중요합니다.
다른 곳을 쳐다보거나 두리번거리는 것은
경청의 모습에 적합하지 않은 태도이지요.
이야기를 들을 때 말하는 사람의 눈을 바라보는
경청의 태도를 연습해 보세요.
말하는 사람은 듣는 사람의 태도를 통해 자신의 말에
잘 집중하고 있다는 것을 알게 된답니다.

경청

맹인의 말에 경청하신 예수님

마태복음 20:29-34

29 그들이 여리고를 떠날 때에, 큰 무리가 예수를 따라왔다.

30 그런데 눈 먼 사람 둘이 길 가에 앉아 있다가, 예수께서
지나가신다는 말을 듣고, 큰 소리로 외쳤다. "다윗의 자손이
신 주님, 우리를 불쌍히 여겨 주십시오!"

31 무리가 조용히 하라고 꾸짖었으나, 그들은 더욱 큰 소리로
외쳤다. "다윗의 자손이신 주님, 우리를 불쌍히 여겨 주십시
오!"

32 예수께서 걸음을 멈추시고, 그들을 불러서 말씀하셨다.
"너희 소원이 무엇이냐?"

33 그들이 예수께 말하였다. "주님, 눈을 뜨는 것입니다."

34 예수께서 가엽게 여기시고 그들의 눈에 손을 대시니, 그들
은 곧 다시 보게 되었다. 그들은 예수를 따라갔다.

맹인의 말에 경청하신 예수님

예수님과 제자들이 여리고라는 마을을 떠날 때
많은 사람들이 예수님을 따라갔어요.
"예수님을 따라가자! 어서 예수님을 만나러 가자!"

그때, 길가에 앉아 있던 두 맹인이 이 소리를 듣게 되었어요.
그들은 병든 사람을 고쳐주시는 예수님을 너무나 만나고 싶었어요.
두 맹인은 많은 사람들 틈에서 큰 소리로 예수님을 부르며 말했어요.
"예수님! 우리들을 불쌍히 여겨 주세요!"
사람들은 예수님을 부르는 두 명의 맹인을 무시하며 조용히 하라고 야단쳤어요.
"앞도 못 보는 맹인이 귀하신 예수님을 함부로 부르다니, 저리 비키지 못해?"

하지만 두 맹인은 더욱더 큰 소리로 외쳤어요.
"다윗의 자손 예수님! 우리를 불쌍히 여겨주세요!"
예수님께서 걸음을 멈추시고 두 맹인에게 말씀하셨어요.
"내가 너희에게 무엇을 해주기를 원하느냐?"
"우리는 눈 뜨기를 원합니다. 보기를 원합니다!"
예수님께서는 두 사람을 불쌍히 여기시며 눈을 어루만져 주셨어요.
그러자 놀라운 일이 일어났어요.
"앞이 보인다, 앞을 볼 수 있게 되었어!"
"앞을 보다니, 기적이 일어났어! 예수님, 감사합니다!"

예수님께서는 모두가 무시하고,
경청해 주지 않은 두 맹인의 소리에 경청하셨어요.
그리고 많은 사람에게 무시받던 두 맹인을 고쳐주셔서
그들이 얼마나 소중한 존재인지 말과 행동으로 인정해 주셨지요.

이처럼 예수님께서 두 맹인에게 행하신 경청이 바로 '사랑'이랍니다.

Jesus Showed Attentiveness to the Blind Man

When Jesus and his disciples were leaving the town of Jericho,
many people followed them.
"Let's follow Jesus! Hurry, let's go meet Jesus!"

At that time, two blind men sitting by the roadside heard this commotion.
They desperately wanted to meet Jesus,
who was known for healing the sick.
The two blind men called out loudly among the crowd,
"Jesus! Have mercy on us!"
People ignored the two blind men and scolded them to be quiet.
"How dare blind men call out to the noble Jesus? Get out of the way!"

But the two blind men cried out even louder,
"Jesus, Son of David, have mercy on us!"
Jesus stopped and spoke to the two blind men,
"What do you want me to do for you?"
"We want our sight. We want to see!"
Jesus felt compassion for them and touched their eyes.
A miraculous thing happened.
"We can see! We can see!"
"This is a miracle! Thank you, Jesus!"

Jesus listened to the cries of the two blind men,
whom everyone else ignored, and healed them,
showing through his words and actions how valuable they were.

This act of listening by Jesus was truly 'love.'

경청 태도연습

작은 자들의 소리에도 잘 경청해요.

예수님께서는 많은 사람들이 무시하는 두 맹인의 소리를 들으시고,
눈을 뜰 수 있도록 치유해 주셨어요.
예수님께서는 맹인뿐만 아니라 소외되고 약한 사람들의 목소리에
귀를 기울이시며 그들을 만나 주셨지요.
나보다 약한 사람들의 소리에 경청하는 것은
하나님께서 기뻐하시는 경청의 태도랍니다.

경청

예수님의 경청습관

마가복음 14:32-36

32 그들은 겟세마네라고 하는 곳에 이르렀다. 예수께서 제자들
에게 말씀하시기를 "내가 기도하는 동안에, 너희는 여기에 앉아
있어라" 하시고,

33 베드로와 야고보와 요한을 데리고 가셨다. 예수께서는 매우
놀라며 괴로워하기 시작하셨다.

34 그래서 그들에게 말씀하셨다. "내 마음이 근심에 싸여 죽을
지경이다. 너희는 여기에 머물러서 깨어 있어라."

35 그리고서 조금 나아가서 땅에 엎드려 기도하시기를, 될 수만
있으면 이 시간이 자기에게서 비껴가게 해 달라고 하셨다.

36 예수께서는 이렇게 말씀하셨다. "아빠, 아버지, 아버지께서
는 모든 일을 하실 수 있으시니, 내게서 이 잔을 거두어 주십시오.
그러나 내 뜻대로 하지 마시고, 아버지의 뜻대로 하여 주십시오."

예수님의 경청습관

예수님은 여러 마을을 다니시면서 하나님을 모르는 사람들에게
하나님의 사랑을 가르치시고, 하나님의 나라를 소개해 주셨어요.
그리고 아픈 사람들도 고쳐 주셨지요.
그래서 예수님이 가시는 곳에는
늘 많은 사람들이 모여들었고 하실 일이 무척 많았어요.

그러나 아무리 바쁘고 힘들어도 예수님께서 꼭 하시는
한 가지 습관이 있었어요.
바로 아무도 없는 조용한 곳으로 가서 하나님께 기도하는 것이었지요.
하나님께서 무엇을 말씀하시는지 경청하셨답니다.

어느 날, 예수님은 제자들을 데리고 겟세마네 동산으로 가셨어요.
예수님의 얼굴에는 걱정과 근심이 가득했어요.
그 이유는 예수님께서 가장 중요한 일을 하루 앞두고 계셨기 때문이지요.
그 일은 모든 사람의 죄를 없애기 위해 십자가에서 죽어야 하는 일이었어요.
예수님은 제자들과 조금 떨어진 곳에서 자리를 잡고
홀로 하나님께 기도를 드렸어요.
"하나님 아버지! 아버지께서는 모든 것을 하실 수 있습니다.
그러니 이 고통의 길을 내게서 없애 주십시오.
그러나 나의 뜻이 아닌 아버지의 뜻대로 하여 주옵소서."
예수님께서는 두렵고 괴로운 순간에도 하나님께 기도하셨어요.
기도를 통하여 모든 사람의 죄를 없애기 위해
자신을 이 땅에 보내신 하나님의 뜻에 경청하고, 순종하셨지요.

예수님께서는 이렇게 십자가의 고통을 받으며 돌아가시기 전까지
언제나 기도로 하나님의 말씀에 경청하며
하나님의 뜻을 이루는 삶을 사셨답니다.

Jesus' Habit of Attentiveness

Jesus traveled through various towns,
teaching people who did not know God about God's love and
introducing them to God's kingdom.
He also healed the sick.
Therefore, many people always gathered wherever Jesus went,
and there was much work to be done.

Despite being busy and tired, Jesus had one essential habit.
He always went to a quiet place to pray to
God and listened to what God had to say.

One day, Jesus took his disciples to the Garden of Gethsemane.
His face was filled with worry and concern
because the next day was the most crucial event of his life.
He had to die on the cross to erase all people's sins.
Jesus settled a little apart from his disciples and prayed alone to God.
"Father! Everything is possible for you.
Take this cup from me. Yet not what I will, but what you will."
Even in moments of fear and distress, Jesus prayed to God.
Through prayer, he listened to and obeyed God's will,
who had sent him to this earth to erase all people's sins.

Until the time he bore the suffering of the cross and died,
Jesus always listened to God's words through prayer and
lived a life fulfilling God's will.

경청 태도연습

하나님께 집중하여 경청해요.

예수님께서는 하나님의 뜻에 경청하기 위해 기도하셨어요.
특별히 이른 새벽에 아무도 없는 조용한 곳에서
하나님께 집중하며 기도하셨어요.
예수님처럼 하나님의 소리에 집중하여
경청할 수 있는 나만의 장소에서
바른 자세로 기도하는 연습을 해보세요.

경청

마리아가 선택한 경청

누가복음 10:38-42

38 그들이 길을 가다가, 예수께서 어떤 마을에 들어
가셨다. 마르다라고 하는 여자가 예수를 자기 집으로
모셔 들였다.

39 이 여자에게 마리아라고 하는 동생이 있었는데,
마리아는 주님의 발 곁에 앉아서 말씀을 듣고 있었다.

40 그러나 마르다는 여러 가지 접대하는 일로 분주하
였다. 그래서 마르다가 예수께 와서 말하였다. "주님,
내 동생이 나 혼자 일하게 두는 것을 아무렇지 않게
생각하십니까? 가서 거들어 주라고 내 동생에게 말
씀해 주십시오."

41 그러나 주님께서는 마르다에게 대답하셨다. "마르
다야, 마르다야, 너는 많은 일로 염려하며 들떠 있다.

42 그러나 주님의 일은 많지 않거나 하나뿐이다. 마리
아는 좋은 몫을 택하였다. 그러니 아무도 그것을 그에
게서 빼앗지 못할 것이다."

마리아가 선택한 경청

"예수님, 어서 오세요!"
마르다와 마리아의 집에 예수님께서 오셨어요.

예수님은 하나님의 말씀을 들려주셨지요.
"하나님 나라에는 사랑이 가득하단다."
마리아는 예수님 앞에 앉아 귀를 쫑긋 세우고,
눈을 반짝이며 예수님의 말씀에 경청했어요.
그리고 언니 마르다는 예수님께 대접할 맛있는 음식을
보글보글 끓이며 바쁘게 움직였지요.
"바쁘다, 바빠! 밥도 하고, 국도 끓이고!"
마르다는 예수님께 최고로 맛있는 음식을 대접하고 싶었어요.

그런데 자신을 도와주지 않는 마리아를 보고 화가 났어요.
'칫, 나는 이렇게 바쁜데 마리아는 왜 지금 한가롭게 놀고 있는 거야?'
마르다는 혼자 바쁘게 일하고 있는 것이 속상한 나머지 예수님께 말했어요.
"예수님! 해야 할 일이 많은데 마리아는 조금도 도와주지 않아요!
마리아에게 이제 저를 좀 도우라고 말씀 좀 해주세요!"

예수님께서는 마르다에게 다정하게 말씀하셨어요.
"사랑하는 마르다야, 네가 많은 일을 하느라 바쁘고 걱정이 많구나.
하지만 꼭 필요한 것 한 가지만 해도 된단다.
마리아는 가장 중요한 한 가지를 선택한 것이란다."
예수님께서는 예수님의 말씀을 듣기 위해
귀를 기울인 마리아의 태도를 칭찬해 주셨어요.

많은 일들 중에서 예수님의 말씀에 경청하는 것이 가장 중요하고,
좋은 선택임을 알려 주셨답니다.

Mary Chose Attentiveness

"Jesus, welcome!"
Jesus came to the house of Martha and Mary.

Jesus shared God's words with them.
"The kingdom of God is full of love."
Mary sat in front of Jesus, perking up her ears and brightening her eyes,
listening attentively to Jesus' words.
Meanwhile, her sister Martha was busy preparing delicious food to serve Jesus.
"Busy, busy! Cooking rice, boiling soup!"
Martha wanted to serve Jesus the best food.

However, she became angry when she saw that Mary was not helping her.
"Hmph, I'm so busy, but why is Mary just sitting around playing?"
Upset about working alone, Martha complained to Jesus.
"Jesus! There is so much work to do,
but Mary is not helping at all! Please tell her to help me!"

Jesus gently responded to Martha.
"Dear Martha, you are busy and worried about many things.
But only one thing is needed. Mary has chosen what is better."
Jesus praised Mary for her attitude of listening to his words.

He explained that among many tasks,
listening to Jesus' words is the most important and best choice.

경청 태도연습

하던 일을 멈추고 경청을 선택해요.

예수님께서는 예수님의 말씀에 집중한
마리아의 경청을 기뻐하셨어요.
하나님의 말씀을 듣는 예배 시간에
마리아와 같은 경청의 모습이 필요하답니다.
예배가 시작되면 내가 하던 것을 멈추고
하나님의 말씀을 들려주시는 선생님께 집중하는 것을 선택해야 하지요.
이것이 바로 하나님께서 기뻐하시는 경청의 모습이랍니다.

경청

마음의 생각까지 경청하신 예수님

요한복음 4:7-26

7 한 사마리아 여자가 물을 길으러 나왔다. 예수께서 그 여자에게 마실 물을 좀 달라고 말씀하셨다.

8 제자들은 먹을 것을 사러 동네에 들어가서, 그 자리에 없었다.

9 사마리아 여자가 예수께 말하였다. "선생님은 유대 사람인데, 어떻게 사마리아 여자인 나에게 물을 달라고 하십니까?"(유대 사람은 사마리아 사람과 상종하지 않기 때문이다.)

10 예수께서 그 여자에게 대답하셨다. "네가 하나님의 선물을 알고, 또 너에게 물을 달라는 사람이 누구인지를 알았더라면, 도리어 네가 그에게 청하였을 것이고, 그는 너에게 생수를 주었을 것이다."

11 여자가 말하였다. "선생님, 선생님에게는 두레박도 없고, 이 우물은 깊은데, 선생님은 어디에서 생수를 구하신다는 말입니까?

12 선생님이 우리 조상 야곱보다 더 위대하신 분이라는 말입니까? 그는 우리에게 이 우물을 주었고, 그와 그 자녀들과 그 가축까지, 다 이 우물의 물을 마셨습니다."

13 예수께서 말씀하셨다. "이 물을 마시는 사람은 다시 목마를 것이다.

14 그러나 내가 주는 물을 마시는 사람은, 영원히 목마르지 아니할 것이다. 내가 주는 물은,

15 그 사람 속에서, 영생에 이르게 하는 샘물이 될 것이다."

16 그 여자가 말하였다. "선생님, 그 물을 나에게 주셔서, 내가 목마르지도 않고, 또 물을 길으러 여기까지 나오지도 않게 해주십시오."

17 예수께서 그 여자에게 말씀하셨다. "가서, 네 남편을 불러 오너라."

18 그 여자가 대답하였다. "나에게는 남편이 없습니다." 예수께서 여자에게 말씀하셨다. "남편이 없다고 한 말이 옳다.

19 너에게는, 남편이 다섯이나 있었고, 지금 같이 살고 있는 남자도 네 남편이 아니니, 바로 말하였다."

20 여자가 말하였다. "선생님, 내가 보니, 선생님은 예언자이십니다.

21 우리 조상은 이 산에서 예배를 드렸는데, 선생님네 사람들은 예배드려야 할 곳이 예루살렘에 있다고 합니다."

22 예수께서 말씀하셨다. "여자여, 내 말을 믿어라. 너희가 아버지께, 이 산에서 예배를 드려야 한다거나, 예루살렘에서 예배를 드려야 한다거나, 하지 않을 때가 올 것이다.

23 너희는 너희가 알지 못하는 것을 예배하고, 우리는 우리가 아는 분을 예배한다. 구원은 유대 사람들에게서 나기 때문이다.

24 참되게 예배를 드리는 사람들이 영과 진리로 아버지께 예배를 드릴 때가 온다. 지금이 바로 그 때이다. 아버지께서는 이렇게 예배를 드리는 사람들을 찾으신다. 하나님은 영이시다. 그러므로 하나님께 예배를 드리는 사람은 영과 진리로 예배를 드려야 한다."

25 여자가 예수께 말했다. "나는 그리스도라고 하는 메시아가 오실 것을 압니다. 그가 오시면, 우리에게 모든 것을 알려 주실 것입니다."

26 예수께서 말씀하셨다. "너에게 말하고 있는 내가 그다."

마음의 생각까지 경청하신 예수님

해가 쨍쨍 내리쬐는 오후,
예수님과 제자들이 갈릴리를 향해 가던 중
사마리아 지역을 지나가게 되었어요.
피곤하셨던 예수님께서는 그곳에 있는 우물곁에 앉으시고,
제자들은 먹을 것을 구하러 마을로 내려갔어요.
거리에는 사람들이 없어 조용했어요.

그런데 한 사마리아 여인이 혼자 물 항아리를 들고 '영차영차' 우물가로 왔어요.
마침 우물가에 앉아 계셨던 예수님께서 여인에게 말을 거셨어요.
"내게 물을 좀 주겠니?"
"어머, 유대 사람인 당신이 사마리아 여자인 저에게
물을 달라 말씀하시는 건가요?"
사마리아 여인은 유대 사람인 예수님께서 자신에게 말을 건 것을 이상하게 생각했어요.
유대 사람들과 사마리아 사람들은 서로 사이가 좋지 않았기 때문이지요.
"만일 내가 누구인 줄 알았더라면
오히려 네가 나에게 먼저 물을 달라 했을 거란다.
내가 주는 물을 마시는 사람은 다시는 목마르지 않을 거야."
"선생님! 정말 그런 물이 있나요?
저에게 그 물을 주셔서 다시는 물을 길으러 오지 않게 해주세요!"
사실 여인은 마을 사람들에게 따돌림을 받아
아무도 나오지 않는 시간에 물을 길으러 왔던 거예요.
예수님께서는 마을 사람들로부터 무시당하는 여인의 아픔과 상처를 알고 계셨어요.
"선생님께서는 예언자이시군요! 저의 모든 것을 알고 계시는 것 같아요!"
예수님께서는 자신이 이 땅을 구원하러 온 '메시아'라는 것을 여인에게 알려주었어요.
여인은 마을로 달려가 소리쳤어요.
"여러분, 이리 나와 보세요! 제가 메시아를 만났어요!"
그 마을의 많은 사람이 예수님을 만나 예수님의 말씀을 듣고 믿게 되었어요.
예수님께서는 사람들로부터 소외된,
상처 많은 사마리아 여인의 마음속에 있는 생각까지도 경청해 주셨답니다.

Jesus Showed Attentiveness to the Heart

One sunny afternoon,
Jesus and his disciples were on their way to Galilee,
passing through Samaria.
Jesus, feeling tired,
sat by a wall while his disciples went into the town to buy food.
The street was quiet with no one around.

But then, a Samaritan woman came to the wall with a water jar.
Jesus spoke to her.
"Will you give me a drink?"
"Oh, you are a Jew and I am a Samaritan woman.
How can you ask me for a drink?"
The Samaritan woman was surprised that Jesus, a Jew, was speaking to her,
a Samaritan, as Jews and Samaritans did not associate with each other.
"If you knew the gift of God and who it is that asks you for a drink,
you would have asked him and he would have given you living water."
"Sir, give me this water so that I won't get thirsty
and have to keep coming here to draw water."
In fact, the woman came to draw water at a time when no one else was around
because she was shunned by the townspeople.
Jesus knew about the woman's pain and her outcast status.
"Sir, I can see that you are a prophet! You know everything about me!"
Jesus revealed to the woman that he was the Messiah, the Savior.
The woman ran back to town, shouting,
"Come, see a man who told me everything I ever did!
Could this be the Messiah?"
Many people from the town came to meet Jesus,
and after hearing his words, they believed.
Jesus listened not only to the words and actions
but also to the thoughts of the Samaritan woman's heart.

경청 태도연습

다른 사람의 생각을 경청해요.

예수님께서는 사마리아 여인의 말과 행동뿐만 아니라
마음의 생각까지 경청하셨어요.
사마리아 여인에게 가장 필요한 것이 무엇인지 알고 계셨지요.
내가 사랑하는 사람들의 말과 행동을 잘 경청해 보세요.
상대방의 표정과 목소리, 말투와 행동을 경청하면
상대방이 어떤 감정인지, 어떤 생각을 하는지 알 수 있을 거예요.

경청

하나님 말씀대로
경청하여 만든 노아의 방주

창세기 6:13-22

13 하나님이 노아에게 말씀하셨다. "땅은 사람들 때
문에 무법천지가 되었고, 그 끝날이 이르렀으니, 내
가 반드시 사람과 땅을 함께 멸하겠다.

14 너는 잣나무로 방주 한 척을 만들어라. 방주 안에
방을 여러 칸 만들고, 역청을 안팎에 칠하여라.

15 그 방주는 이렇게 만들어라. 길이는 삼백 자, 너비
는 쉰 자, 높이는 서른 자로 하고,

16 그 방주에는 지붕을 만들되, 한 자 치켜올려서 덮
고, 방주의 옆쪽에는 출입문을 내고, 위층과 가운데
층과 아래층으로 나누어서 세 층으로 만들어라.

17 내가 이제 땅 위에 홍수를 일으켜서, 하늘 아래에
서 살아 숨쉬는 살과 피를 지닌 모든 것을 쓸어 없앨
터이니, 땅에 있는 것들은 모두 죽을 것이다.

18 그러나 너하고는, 내가 직접 언약을 세우겠다. 너
는 아들들과 아내와 며느리들을 모두 데리고 방주로
들어가거라.

19 살과 피를 지닌 모든 짐승도 수컷과 암컷으로 한
쌍씩 방주로 데리고 들어가서, 너와 함께 살아 남게
하여라.

20 새도 그 종류대로, 집짐승도 그 종류대로, 땅에 기
어다니는 온갖 길짐승도 그 종류대로, 모두 두 마리씩
너에게로 올 터이니, 살아 남게 하여라.

21 그리고 너는 먹을 수 있는 모든 먹거리를 가져다
가 쌓아 두어라. 이것은, 너와 함께 있는 사람들과
짐승들의 먹거리가 될 것이다."

22 노아는 하나님이 명하신 대로 다 하였다. 꼭 그대
로 하였다.

하나님 말씀대로 경청하여 만든 노아의 방주

"내가 만든 사람들이 이렇게 나쁜 행동을 하다니... 사람을 만든 것이 후회되는구나."
사람들은 자신을 만든 하나님을 까맣게 잊고, 하나님 말씀에 순종하지 않았어요.
나쁜 생각과 나쁜 행동을 하며 자기 마음대로 살았지요.
하지만 하나님을 사랑하고, 하나님의 말씀에 순종한 한 사람이 있었어요.
바로 노아였지요.

하나님께서는 노아를 특별히 선택하셔서 하나님의 계획을 들려주셨어요.
"노아야, 내가 큰 홍수를 내려 이 땅을 물속에 잠기게 할 거란다.
너는 아주 큰 배 한 척을 만들어 큰 홍수를 피하도록 하거라.
어떻게 만드는지는 내가 자세히 알려 주마."
하나님께서 말씀하신 배는 지붕이 있고 3층으로 된 아주 큰 '방주'였어요.
노아는 하나님 말씀에 경청하여 '쓱싹쓱싹' 나무를 베고,
'뚝딱뚝딱' 망치질을 하여 방주를 만들기 시작했어요.
"쯧쯧쯧, 비도 오지 않는데 땅에 배를 만들다니. 헛수고를 하는구먼!"
사람들은 노아를 비웃었어요.

하지만 노아는 하나님 말씀에만 귀를 기울였지요. 드디어 방주가 완성되었어요.
"노아야, 하늘의 새와, 땅의 모든 동물들을 암수 한 쌍씩 방주에 태우도록 하렴.
내가 너의 가족과 동물들을 안전하게 지켜줄 거란다."
노아가 하나님의 말씀대로 자신의 가족과 동물들을 방주에 모두 태우자
하늘에서 비가 한 방울, 두 방울 떨어지더니 마침내 아주 많은 비가 '쏴아아' 쏟아졌어요.
집, 나무, 산, 모든 것이 물에 잠기게 되었어요.
오직 노아의 방주만이 물 위를 둥둥 떠다녔지요.
비는 사십 일 동안 계속 내려 온 땅을 물에 잠기게 했어요.
땅 위에 살아 움직이는 모든 것이 다 죽고 말았어요.
하지만 하나님의 말씀을 경청하며 큰 방주를 만든 노아와 그의 가족들은
홍수 속에서도 살아남아서, 영원한 하나님의 약속을 선물로 받았답니다.

Noah Built the Ark with Attentiveness to God's Words

"I regret that I have made humans, seeing them behave so badly..."
People had completely forgotten the God who created them and did not obey His words. They lived according to their own will, engaging in evil thoughts and actions.
However, there was one person who loved God and obeyed His words.
That person was Noah.

God specially chose Noah and revealed His plan to him.
"Noah, I am going to bring a great flood to cover the earth with water.
You must build a very large ark to survive the flood.
I will give you detailed instructions on how to build it."
The ark God described was a large vessel with a roof and three levels.
Noah listened to God's words carefully and started building the ark by cutting wood and hammering.
"Ha! Building a boat on dry land when there's no rain. What a waste of effort!"
People mocked Noah.

But Noah listened only to God's words.
Finally, the ark was completed.
"Noah, bring pairs of every kind of bird and animal onto the ark.
I will keep you, your family, and the animals safe."
As Noah followed God's instructions and brought his family and the animals into the ark, the rain began to fall. It started with a few drops and then poured heavily.
Everything—houses, trees, mountains—was submerged in water.
Only Noah's ark floated on the waters.
The rain continued for forty days, covering the earth.
Every living thing on the land perished, but Noah and his family survived the flood because they listened to God's words and built the ark.
They received the eternal promise of God.

경청 태도연습

하나님 말씀에 경청하여 그대로 행동해요.

방주를 한 번도 만들어 본 적이 없었던 노아는
하나님의 말씀을 놓치지 않고 잘 경청했어요.
그리고 그 말씀대로 방주를 만들었지요.
경청은 듣는 것으로 끝나는 것이 아닙니다.
들은 것을 그대로 행동으로 실천하는 것까지가
경청이라는 것을 잊지 마세요.

경청

하나님께 경청하여 받은 십계명

출애굽기 34:14-28

14 너희는 다른 신에게 절을 하여서는 안 된다. 나 주는 '질투'라는 이름을 가진, 질투하는 하나님이기 때문이다.

15 너희는 그 땅에 사는 사람들과 언약을 세우지 말아라. 언약이라도 세웠다가, 그들이 자기들의 신들을 음란하게 따르며, 그 신들에게 제사를 드리면서 너희를 초대하면, 너희가 그 초대를 거절하지 못하고, 그리로 가서, 그 제물을 먹지 않겠느냐?

16 또 너희가 너희 아들들을 그들의 딸들과 결혼시키면, 그들의 딸들은 저희 신들을 음란하게 따르면서, 너희의 아들들을 꾀어, 자기들처럼 음란하게 그 신들을 따르게 만들 것이다.

17 너희는 신상을 부어 만들지 못한다.

18 너희는 무교절을 지켜야 한다. 내가 너희에게 명한 대로, 아빕월의 정해진 때에, 이레 동안 누룩을 넣지 않은 빵을 먹어라. 이것은 너희가 아빕월에 이집트에서 나왔기 때문이다.

19 태를 처음 열고 나온 것은 모두 나의 것이다. 너희 집짐승 가운데 처음 난 수컷은, 소의 맏배이든지 양의 맏배이든지, 모두 나의 것이다.

20 나귀의 맏배는 어린 양을 대신 바쳐서 대속하게 해야 한다. 그렇게 대속하지 않으려거든, 그 목을 부러뜨려야 한다. 너희 아들들 가운데 맏아들도 모두 대속해야 한다. 그리고 아무도 내 앞에 빈 손으로 나와서는 안 된다.

21 너희는 엿새 동안 일을 하고, 이렛날에는 쉬어야 한다. 밭갈이 하는 철이나 거두어들이는 철에도 쉬어야 한다.

22 너희는 밀을 처음 거두어들일 때에는 칠칠절을 지키고, 한 해가 끝날 때에는 수장절을 지켜야 한다.

23 너희 가운데 남자들은 모두 한 해에 세 번 이스라엘의 하나님 나 주 앞에 나와야 한다.

24 내가 뭇 민족을 너희 앞에서 쫓아내고, 너희의 영토를 넓혀 주겠다. 너희가 한 해에 세 번 주 너희의 하나님을 뵈려고 올라올 때에, 아무도 너희의 땅을 점령하려 하지 않을 것이다.

25 너희는 나에게 바치는 희생제물의 피를 누룩 넣은 빵과 함께 바치지 말아라. 유월절 제물은 이튿날 아침까지 남겨 두어서는 안 된다.

26 너희는 너희 땅에서 난 첫 열매 가운데서 제일 좋은 것을 주 너희의 하나님의 집으로 가져 오너라. 너희는 새끼 염소를 그 어미의 젖으로 삶아서는 안 된다."

27 주님께서 모세에게 말씀하셨다. "너는 이 말을 기록하여라. 내가 이 말을 기초로 해서, 너와 이스라엘과 언약을 세웠기 때문이다."

28 모세는 거기서 주님과 함께 밤낮 사십 일을 지내면서, 빵도 먹지 않고, 물도 마시지 않고, 언약의 말씀 곧 십계명을 판에 기록하였다.

하나님께 경청하여 받은 십계명

이스라엘 백성들이 애굽을 탈출하여
하나님께서 약속하신 가나안 땅으로 가는 길이었어요.
그들이 시내산에 이르렀을 때, 하나님께서 모세에게 말씀하셨어요.
"모세야, 돌판 두 개를 깎아 내일 아침 시내산 꼭대기로 올라오너라."
모세는 다음 날 아침 일찍 기지개를 켜고
하나님의 말씀에 순종하여 시내산 꼭대기로 올라갔어요.
손에는 하나님께서 말씀하신 돌판 두 개가 들려 있었지요.
하나님께서 구름 속에서 나타나셨어요.
"나는 여호와라. 나의 말을 지키는 사람은 복을 받을 것이고,
그렇지 않으면 벌을 받게 될 것이다."
하나님의 소리에 모세는 땅에 엎드렸어요.
"하나님, 저희 백성들과 함께 해주세요.
저희 백성들의 잘못과 죄를 용서해 주시고
저희를 하나님의 백성으로 삼아주세요."
"내가 너희와 약속을 맺겠다.
내가 너희에게 기적을 보일 것이고,
너희를 지켜주겠다.
내가 오늘 너희에게 명령한
나의 계명을 잘 지키도록 하여라."
모세는 시내산 꼭대기에서 사십 일 동안
밤과 낮을 하나님과 함께 지내며
하나님의 말씀에 경청했어요.

그리고 하나님께서는 약속의 말씀인 '십계명'을 두 돌판 위에 새겨 주셨지요.
이 십계명은 이스라엘 백성들이 하나님의 계명에 경청하는 법을
기록하여 주신 축복의 약속들이에요.
하나님께서는 하나님의 말씀에 잘 경청한 모세를 통해
이스라엘 백성들을 인도하시고,
하나님과의 약속을 지키는 사람들에게 영원한 축복을 약속하셨답니다.

The Ten Commandments: Given through Attentiveness to God

The Israelites were on their way to the
Promised Land of Canaan after escaping Egypt.
When they reached Mount Sinai, God spoke to Moses.
"Moses, chisel out two stone tablets and come up to
the top of Mount Sinai in the morning."
Moses woke up early the next morning, stretched,
and obediently went up to the top of Mount Sinai with
the two stone tablets as God had instructed.
God appeared in a cloud and spoke.
"I am the Lord. Those who keep my words will be blessed,
but those who do not will be punished."
Hearing God's voice, Moses bowed down to the ground.
"God, please stay with our people.
Forgive their sins and wrongdoings and make us your people."
"I will make a covenant with you.
I will show you miracles and protect you.
Keep the commandments I give you today."
Moses spent forty days and nights on top of Mount Sinai,
listening to God's words.

God inscribed the 'Ten Commandments' on the two stone tablets.
These commandments were a blessing,
teaching the Israelites how to listen to God's words.
God guided the Israelites through Moses,
who listened well to God's words, and promised
eternal blessings to those who kept His covenant.

경청 태도연습

박수경청을 기억해요.

박수경청을 연습해 보세요.
부모님, 선생님의 지시에 맞추어 박수경청을 해 보면서
경청의 성품태도를 실천해 보세요.

짝 박수 한 번을 치면, 바르게 앉아요.
짝짝 박수 두 번을 치면, 두 눈은 반짝 반짝
짝짝짝 박수 세 번을 치면, Smile 웃어요.
짝짝짝짝 박수 네 번을 치면, 박수를 짝짝짝짝
짝짝짝짝짝 박수 다섯 번을 치면, 바르게 앉아요.

경청이란
'상대방의 말과 행동을 잘 집중하여 들어
상대방이 얼마나 소중한지 인정해 주는 것'
(좋은나무성품학교 정의)입니다.

경청은 자녀의 행복을 위한 첫걸음입니다.
사랑을 표현하는 다양한 방법 중에서 내 자녀의 마음에 새겨지는
구체적인 사랑이 바로 경청이기 때문이지요.
또한 경청은 다른 성품을 배우기 위한 기본적인 자질이고
초석이 되기 때문에 중요한 가르침이 될 수 있습니다.

오늘부터 아빠, 엄마가 먼저 경청을 연습해 보세요.
서로의 말에 경청하고 자녀의 말에 귀 기울여 주세요.
그러면 자녀가 "꼭꼭꼭! 경청할래요!"라고 화답하며
부모님과 형제의 말에 귀 기울일 거랍니다.

"너는 귀를 기울여 지혜 있는 자의 말씀을 들으며 내 지식에 마음을 둘지어다"
(잠언 22장 17절)

재미있는 성경이야기로 배우는 하나님의 사랑

CHARACTER BIBLE

성 품 바 이 블

긍정적인 태도

어떠한 상황에서도 가장 희망적인 생각, 말, 행동을 선택하는 마음가짐

Always choosing to have the best thoughts about something or someone.

좋은나무성품학교 정의

긍정

긍정적인 태도의 정탐꾼들

민수기 14:1-9

1 온 회중이 소리 높여 아우성쳤다. 백성이 밤새도록
통곡하였다.

2 온 이스라엘 자손이 모세와 아론을 원망하였다.
온 회중이 그들에게 말하였다. "차라리 우리가 이집
트 땅에서 죽었더라면 더 좋았을 것이다. 아니면 차
라리 우리가 이 광야에서라도 죽었더라면 더 좋았
을 것이다.

3 그런데 주님은 왜 우리를 이 땅으로 끌고 와서, 칼
에 맞아 죽게 하는가? 왜 우리의 아내들과 자식들
을 사로잡히게 하는가? 차라리 이집트로 돌아가는
것이 좋겠다!"

4 그들은 또 서로 말하였다. "우두머리를 세우자. 그
리고 이집트로 돌아가자."

5 모세와 아론은 이스라엘 자손의 온 회중 앞에서
얼굴을 땅에 대고 엎드렸다.

6 그러자 그 땅을 탐지하고 돌아온 이들 가운데서,
눈의 아들 여호수아와 여분네의 아들 갈렙이 슬픔
에 겨워 자신들의 옷을 찢으며,

7 이스라엘 자손 온 회중에게 말하였다. "우리가 탐
지하려고 두루 다녀 본 그 땅은 매우 좋은 땅입니다.

8 주님께서 우리를 사랑하신다면, 그 땅으로 우리를
인도하실 것입니다. 젖과 꿀이 흐르는 그 땅을 우리
에게 주실 것입니다.

9 다만 여러분은 주님을 거역하지만 마십시오. 여러
분은 그 땅 백성을 두려워하지 마십시오. 그들은 우
리의 밥입니다. 그들의 방어력은 사라졌습니다. 주
님께서 우리와 함께 계시니, 그들을 두려워하지 마
십시오."

긍정적인 태도의 정탐꾼들

하나님께서 명령하신 대로
가나안 땅으로 모세가 보낸 열두 명의 정탐꾼이 돌아왔어요.

그들은 가나안 땅을 샅샅이 살펴보고 온 이야기를 백성들에게 전해주었어요.
"가나안 땅은 곡식이 잘 자라는 아주 좋은 땅이에요!"
가나안 땅에서 가지고 온 커다랗고, 싱싱한 과일도 보여주었어요.
"여러분, 이 포도를 보세요! 가나안 땅의 과일들이 이렇게나 크답니다.
그런데 그곳 사람들은 키가 어마어마하게 크고, 힘이 아주 셌어요.
몹시 사납기까지 한 걸요!"
"맞아요! 분명 우리보다 훨씬 강할 거예요.
우리는 그들에 비하면 메뚜기같이 작고,
약하기 때문에 지고 말 거예요."
정탐꾼들의 말을 들은 백성들은
벌벌 떨며 무서워하기 시작했어요.

백성들은 모세를 원망하며 소리쳤어요.
"이집트로 돌아갑시다! 우리는 그들을 절대 이길 수 없어요."
그때, 정탐꾼들 중 여호수아와 갈렙이 백성들을 진정시키며 말했어요.
"여러분, 두려워하지 마세요!
하나님께서 가나안 땅을 반드시 우리에게 주실 거예요!"
"맞아요! 하나님께서 우리와 늘 함께하시기 때문에
그들은 우리의 밥이 될 거예요!"
열두 명의 정탐꾼 중에서 오직 여호수아와 갈렙만이
백성들에게 희망적인 말을 전했어요.

긍정적인 태도로 이야기한 두 사람은
하나님께서 약속하신 가나안 땅에 들어갈 수 있었답니다.

The Spies with a Positive Attitude

The twelve spies sent by Moses to the land of Canaan,
as God commanded, returned.

They reported their findings to the people.
"The land of Canaan is very good for growing crops!"
They showed the large and fresh fruits they had brought from Canaan.
"Look at these grapes! The fruits of Canaan are this big.
But the people there are gigantic and very strong.
They are also very fierce!"
"Yes, they will surely be much stronger than us.
Compared to them, we are like grasshoppers,
small and weak, and we will surely lose."
The people, hearing the spies' words, started trembling in fear.

They began to complain to Moses.
"Let's go back to Egypt!
We can never defeat them."
At that moment, among the spies,
Joshua and Caleb calmed the people and said,
"Do not be afraid, everyone!
God will surely give us the land of Canaan!"
"That's right! God is always with us, so they are our bread!"
Among the twelve spies, only Joshua and Caleb
conveyed hopeful words to the people.

Because of their positive attitude,
Joshua and Caleb were able to enter the land of Canaan,
as God had promised.

긍정적인 태도 연습

항상 희망적인 말을 해요.

다른 정탐꾼들이 가나안 땅을 차지할 수 없다고 말할 때,
여호수아와 갈렙은 하나님의 약속을 믿고
백성들에게 희망적인 말을 전했어요.
긍정적인 태도의 시작은 희망적인 말을 하는 거예요.
나와 다른 사람들에게 희망적인 말을 하는
긍정적인 태도를 실천해 보세요.

긍정

긍정의 노래를 부른 다윗

시편 23:1-6

1 주님은 나의 목자시니, 내게 부족함 없어라.

2 나를 푸른 풀밭에 누이시며 쉴 만한 물 가로 인도
하신다.

3 나에게 다시 새 힘을 주시고, 당신의 이름을 위하
여 바른 길로 나를 인도하신다.

4 내가 비록 죽음의 그늘 골짜기로 다닐지라도, 주
님께서 나와 함께 계시고, 주님의 막대기와 지팡이
로 나를 보살펴 주시니, 내게는 두려움이 없습니다.

5 주님께서는, 내 원수들이 보는 앞에서 내게 잔칫
상을 차려 주시고, 내 머리에 기름 부으시어 나를
귀한 손님으로 맞아 주시니, 내 잔이 넘칩니다.

6 진실로 주님의 선하심과 인자하심이 내가 사는
날 동안 나를 따르리니, 나는 주님의 집으로 돌아가
영원히 그 곳에서 살겠습니다.

긍정의 노래를 부른 다윗

"뭉실뭉실 하얀 털, 나는 하나님의 어린 양!
여호와 하나님은 나의 목자, 나를 인도하시네."

이게 무슨 소리일까요?
흥얼흥얼~ 즐거운 긍정의 노래를 부른 주인공은 바로 다윗이에요.
베들레헴의 한 농장에서 부모님과 형, 누나들과 함께 살았던 다윗은
어려서부터 양을 돌보는 일을 했어요.
양들에게 먹이를 주기 위해
푸르른 들판과 졸졸졸 물이 흐르는 시냇가를 찾아다녔지요.
때로는 양을 '꿀꺽' 잡아먹으려는
늑대나 곰이 나타나 무서울 때도 있었어요.
하지만 다윗은 "걸음아 나 살려라!"하고 도망가지 않고,
물매를 '휘휘' 힘차게 돌려 늑대와 곰을 용감하게 물리쳤지요.
다윗은 목자로서 자신의 양을 끝까지 안전하게 지켜냈어요.

이렇게 양을 돌보는 일은 힘들었어요.
하지만 다윗은 언제나 좋은 생각, 좋은 감정, 좋은 행동으로
긍정의 노래를 불렀어요.
하나님께서는 언제나 룰루랄라~ 긍정의 노래로
하나님을 찬양하는 다윗을 훗날 이스라엘의 왕으로 세우셨어요.

우리도 다윗을 따라 긍정의 찬양을 불러 볼까요?
"뭉실뭉실 하얀 털, 나는 하나님의 어린 양!
여호와 하나님은 나의 목자, 나를 인도하시네.
딱딱딱! 믿음의 지팡이, 여기저기 안전한 곳으로!
딱딱딱! 강인한 지팡이, 위험에서 날 지켜 주시는 하나님!
나의 목자, 나의 힘, 나와 늘 함께하시는 하나님이 있기 때문에
나는 안전합니다."

David Sang a Song of Positivity

"Fluffy, white wool, I am God's little lamb!
Jehovah God is my shepherd, guiding me."

What is this sound?
The owner of this cheerful positive song is David.
David, who lived with his parents and siblings on a farm in Bethlehem,
took care of sheep from a young age.
He wandered around green fields and streams to feed the sheep.
Sometimes wolves or bears would appear to eat the sheep, which was scary.
But David didn't run away, shouting, "Save me!"
Instead, he bravely swung his sling to drive away the wolves and bears.
David, as a shepherd, protected his sheep safely to the end.

Taking care of the sheep was hard work.
But David always sang positive songs with good thoughts, feelings, and actions.
God later made David,
who always praised God with positive songs, the king of Israel.

Shall we also follow David and sing a song of positivity?
"Fluffy, white wool, I am God's little lamb!
Jehovah God is my shepherd, guiding me.
Knock, knock, knock!
The staff of faith, guiding me safely everywhere!
Knock, knock, knock!
The strong staff, protecting me from danger,
is God! My shepherd, my strength,
with God always with me, I am safe."

긍정적인 태도 연습

언제나 하나님을 찬양해요.

다윗의 긍정적인 태도의 비결은
바로 찬양을 하는 것이었어요.
다윗은 일상 생활에서뿐만 아니라
두려울 때나 힘이 들 때에도
나와 함께하시는 하나님을 믿으며
계속 하나님을 찬양했어요.
다윗처럼 나와 함께하시는 하나님을 믿으며
어려움 속에서도 하나님을 찬양하는
긍정의 태도를 실천해 보세요.

공정

십자가에서 긍정적인 태도로 승리하신 예수님

마태복음 26:36-46

36 그 때에 예수께서 제자들과 함께 겟세마네라
고 하는 곳에 가서, 그들에게 말씀하셨다. "내가 저
기 가서 기도하는 동안에, 너희는 여기에 앉아 있어
라."

37 그리고 베드로와 세베대의 두 아들을 데리고 가
서, 근심하며 괴로워하기 시작하셨다.

38 그 때에 예수께서 그들에게 말씀하셨다. "내 마
음이 괴로워 죽을 지경이다. 너희는 여기에 머무르며
나와 함께 깨어 있어라."

39 예수께서는 조금 더 나아가서, 얼굴을 땅에 대고
엎드려서 기도하셨다. "나의 아버지, 하실 수만 있으
시면, 이 잔을 내게서 지나가게 해주십시오. 그러나
내 뜻대로 하지 마시고, 아버지의 뜻대로 해주십시
오."

40 그리고 제자들에게 와서 보시니, 그들은 자고 있
었다. 그래서 베드로에게 말씀하셨다. "이렇게 너희
는 한 시간도 나와 함께 깨어 있을 수 없느냐?

41 시험에 빠지지 않도록, 깨어서 기도하여라. 마음
은 원하지만, 육신이 약하구나!"

42 예수께서 다시 두 번째로 가서, 기도하셨다. "나
의 아버지, 내가 마시지 않고서는 이 잔이 내게서 지
나갈 수 없는 것이면, 아버지의 뜻대로 해주십시오."

43 예수께서 다시 와서 보시니, 그들은 자고 있었다.
그들은 너무 졸려서 눈을 뜰 수 없었던 것이다.

44 예수께서는 그들을 그대로 두고 다시 가서, 또 다
시 같은 말씀으로 세 번째로 기도하셨다.

45 그리고 제자들에게 와서, 그들에게 말씀하셨다.
"이제 남은 시간은 자고 쉬어라. 보아라, 때가 이르
렀다. 인자가 죄인들의 손에 넘어간다.

46 일어나서 가자. 보아라, 나를 넘겨줄 자가 가까
이 왔다."

십자가에서 긍정적인 태도로 승리하신 예수님

예수님께서 우리의 죄를 용서하기 위해
십자가에 달리시는 날이 점점 가까이 다가왔어요.
예수님께서는 그동안 함께했던 가족과 제자들
그리고 많은 사람을 떠나는 것이 슬펐어요.
또 진짜 아버지 되시는 하나님께서
자신을 외면하는 것 같아 마음이 괴로웠어요.
"아버지, 저는 너무도 괴롭습니다! 저를 이 고통에서 꺼내주세요!"

캄캄하고 조용한 새벽.
예수님께서 겟세마네 동산에 올라가셨어요.
예수님의 마음은 너무도 괴로웠지만
그 생각을 멈추고 하나님께 기도를 드렸지요.
"아버지! 너무도 괴롭지만 제 뜻이 아닌 하나님의 뜻대로 해 주세요."
눈물을 흘리며 간절히 기도하시던 예수님께서는
하나님의 뜻에 순종하기로 선택하셨어요.
십자가를 지는 것만이 모든 사람의 죄를
용서할 수 있는 방법인 것을 알고 계셨기 때문이에요.

예수님께서 기도를 마치시자
칼과 몽둥이를 든 병사들이 나타났어요.
"예수를 잡아라!"
제자들은 깜짝 놀라 허둥지둥했어요.
하지만 예수님께서는 담담하게 말씀하셨어요.
"이 모든 것은 하나님께서 오래전부터 계획하신 뜻이니라."
예수님은 모든 사람을 구원하기 위한 희망적인 생각으로
십자가를 지는 긍정적인 태도를 선택하셔서
우리 모두에게 구원의 길을 열어 주셨답니다.

IN RI

Jesus Won with a Positive Attitude on the Cross

The day of Jesus being crucified to forgive
our sins was approaching.
Jesus was saddened by the thought of leaving his family,
disciples, and many people.
It also pained Him to feel like God, His true Father,
was turning away from Him.
"Father, I am in such agony! Please save me from this suffering!"

In the dark, silent dawn,
Jesus climbed the Mount of Olives.
Despite his great distress,
Jesus stopped those thoughts and prayed to God.
"Father! This is so painful, but let Your will be done, not mine."
Jesus, crying and praying earnestly,
chose to obey God's will,
knowing that bearing the cross was the only way to forgive everyone's sins.

After Jesus finished praying,
soldiers with swords and clubs appeared.
"Arrest Jesus!"
The disciples were shocked and flustered.
But Jesus calmly said,
"All this is happening to fulfill God's long-standing plan."
Jesus chose a positive attitude,
embracing the hopeful thought of saving everyone,
and opened the way to salvation for all of us by bearing the cross.

INRI

긍정적인 태도 연습

내가 할 일을 즐겁게 해요.

예수님께서는 십자가를 지시는 것이
너무도 두려웠어요.
하지만 자신의 감정대로 행동하지 않고,
하나님의 뜻에 순종하여
모든 사람을 향한 긍정적인 길을 선택하셨지요.
내가 꼭 해야 하는 일이지만 하기 싫을 때가 있나요?
'긍정의 액션법칙'을 익히고, 가장 좋은 행동을 선택하는
긍정적인 태도를 실천해 보세요.

긍정의 액션법칙

Stop! 멈춰요!

Think! 생각해요!

Choose! 선택해요!

긍정적인 태도로 승리한 다윗

사무엘상 17:38~54

38 사울은 자기의 군장비로 다윗을 무장시켜 주었다. 머리에는 놋투구를 씌워 주고, 몸에는 갑옷을 입혀 주었다.

39 다윗은, 허리에 사울의 칼까지 차고, 시험삼아 몇 걸음 걸어 본 다음에, 사울에게 "이런 무장에는 제가 익숙하지 못합니다. 이렇게 무장을 한 채로는 걸어갈 수도 없습니다" 하고는 그것을 다 벗었다. 그렇게 무장을 해 본 일이 없었기 때문이다.

40 그런 다음에, 다윗은 목동의 지팡이를 들고, 시냇가에서 돌 다섯 개를 골라서, 자기가 메고 다니던 목동의 도구인 주머니에 집어 넣은 다음, 자기가 쓰던 무릿매를 손에 들고, 그 블레셋 사람에게 가까이 나아갔다.

41 그 블레셋 사람도 방패 든 사람을 앞세우고 다윗에게 점점 가까이 다가왔다.

42 그 블레셋 사람은 다윗을 보고 나서, 그가 다만 잘생긴 홍안 소년에 지나지 않는다는 것을 알고는, 그를 우습게 여겼다.

43 그 블레셋 사람은 다윗에게 "막대기를 들고 나에게로 나아오다니, 네가 나를 개로 여기는 것이냐?" 하고 묻고는, 자기 신들의 이름으로 다윗을 저주하였다.

44 그 블레셋 사람이 다윗에게 말하였다. "어서 내 앞으로 오너라. 내가 너의 살점을 공중의 새와 들짐승의 밥으로 만들어 주마."

45 그러자 다윗이 그 블레셋 사람에게 말하였다. "너는 칼을 차고 창을 메고 투창을 들고 나에게로 나왔으나, 나는 네가 모욕하는 이스라엘 군대의 하나님 곧 만군의 주님의 이름을 의지하고 너에게로 나왔다.

46 주님께서 너를 나의 손에 넘겨 주실 터이니, 내가 오늘 너를 쳐서 네 머리를 베고, 블레셋 사람의 주검을 모조리 공중의 새와 땅의 들짐승에게 밥으로 주어서, 온 세상이 이스라엘의 하나님을 알게 하겠다.

47 또 주님께서는 칼이나 창 따위를 쓰셔서 구원하시는 것이 아니라는 것을, 여기에 모인 이 온 무리가 알게 하겠다. 전쟁에서 이기고 지는 것은 주님께 달린 것이다. 주님께서 너희를 모조리 우리 손에 넘겨 주실 것이다."

48 드디어 그 블레셋 사람이 몸을 움직여 다윗에게 점점 가까이 다가오자, 다윗은 재빠르게 그 블레셋 사람이 서 있는 대열 쪽으로 달려가면서,

49 주머니에 손을 넣어 돌을 하나 꺼낸 다음, 그 돌을 무릿매로 던져서, 그 블레셋 사람의 이마를 맞히었다. 골리앗이 이마에 돌을 맞고 땅바닥에 쓰러졌다.

50 이렇게 다윗은 무릿매와 돌 하나로 그 블레셋 사람을 이겼다. 그는 칼도 들고 가지 않고 그 블레셋 사람을 죽였다.

51 다윗이 달려가서, 그 블레셋 사람을 밟고 서서, 그의 칼집에서 칼을 빼어 그의 목을 잘라 죽였다. 블레셋 군인들은 자기들의 장수가 이렇게 죽는 것을 보자 모두 달아났다.

52 이스라엘과 유다 사람들이 일어나 함성을 지르며 블레셋 사람들을 쫓아서, 가이를 지나 에그론 성문에까지 이르렀다. 그리하여 칼에 찔려 죽은 블레셋 사람의 주검이, 사아라임에서 가드와 에그론에 이르기까지 온 길에 널렸다.

53 이스라엘 자손은 블레셋 군대를 쫓다가 돌아와서, 블레셋 군대의 진을 약탈하였다.

54 다윗은, 그 블레셋 사람의 머리는 예루살렘으로 가지고 갔으나, 그의 무기들은 자기 장막에 간직하였다.

긍정적인 태도로 승리한 다윗

바람이 골짜기 사이로 휭휭 몰아쳤어요.
키가 하늘만큼 크고, 덩치가 산만한 골리앗이 다가왔어요.
발소리가 '쿵쿵' 크게 울렸지요.

키가 겨우 작은 나무만 한 다윗이
골리앗을 올려다보았어요.
겁이 날만도 한데,
다윗의 눈빛은 초롱초롱 용감하게 빛났어요.

골리앗은 이스라엘 군대를 향해 크게 비웃었어요.
"칫, 겨우 어린아이가 나를 상대하겠다고?
내가 한주먹으로 물리쳐주지. 음하하하하."
"하나님의 군대인 이스라엘을 비웃다니, 용서할 수 없다!"
다윗은 주먹을 불끈 쥐었어요.
다윗의 손에는 칼과 창 같은 무기조차 없었지요.
"나는 살아계신 하나님의 이름으로 너와 싸울 테다.
하나님께서 분명히 이스라엘을 승리하게 하실 거야."
다윗은 물매와 돌멩이를 힘차게 '슝슝' 돌려 골리앗을 향해 던졌어요.

세상에! 돌멩이가 골리앗의 이마 한가운데에 꽂혔어요.
돌에 맞은 골리앗은 땅에 '쿵'하고 쓰러졌어요.
"하나님께서 승리를 주셨다! 만세! 만세!"

어려운 상황에서도 두려워하지 않고
하나님의 이름으로 승리할 수 있다는
믿음을 가졌던 긍정의 대장 다윗은
모두가 무서워하는 골리앗을 물리치고
하나님의 이름을 높일 수 있었답니다.

David Won with a Positive Attitude

The wind blew fiercely through the valley.
Goliath, a giant as tall as the sky,
approached with thundering footsteps.

David, just as tall as a small tree,
looked up at Goliath.
Though he could have been scared,
David's eyes shone brightly with courage.

Goliath mocked the Israeli army.
"Hah, just a boy to challenge me?
I will crush him with one hand. Hahaha."
"How dare you mock the army of God,
the Israel! This is unforgivable!"
David clenched his fist.
He had no weapon like a sword or a spear.
"I will fight you in the name of the living God.
God will surely give victory to Israel."
David swung his sling and hurled a stone powerfully at Goliath.

To everyone's amazement,
the stone hit Goliath right in the forehead.
Goliath fell to the ground with a loud thud.
"God has won! Hooray! Hooray!"

David, the positive leader who believed that
he could achieve victory in
God's name even in difficult situations,
defeated the terrifying Goliath and glorified God's name.

긍정적인 태도 연습

"나는 할 수 있어요."라고 말하는 자신감을 가져요.

하나님을 의지한 다윗은 골리앗과의 싸움에서 승리할 수 있었어요.
"나는 못 해!", "나는 할 수 없어!"라고 생각하는 일들이 있나요?
하나님께서 언제나 나와 함께 하시는 것을 기억하고
"나는 할 수 있어요!"라고 말해보세요.
자신감을 갖고 작은 것부터 스스로 실천해 보기로 약속해요.

공정

감옥에서 보여 준 바울의 긍정적인 태도

빌립보서 1:12-26

12 형제자매 여러분, 내게 일어난 일이 도리어 복음을 전파하는 데에 도움을 준 사실을, 여러분이 알아주시기를 바랍니다.

13 내가 그리스도 안에서 감옥에 갇혔다는 사실이 온 친위대와 그 밖의 모든 사람에게 알려졌습니다.

14 주님 안에 있는 형제자매 가운데서 많은 사람이, 내가 갇혀 있음으로 말미암아 더 확신을 얻어서, 하나님의 말씀을 겁 없이 더욱 담대하게 전하게 되었습니다.

15 어떤 사람들은 시기하고 다투면서 그리스도를 전하고, 어떤 사람들은 좋은 뜻으로 전합니다.

16 좋은 뜻으로 전하는 사람들은 내가 복음을 변호하기 위하여 세우심을 받았다는 것을 알고서 사랑으로 그리스도를 전하지만,

17 시기하고 다투면서 하는 사람들은 경쟁심으로 곧 불순한 동기에서 그리스도를 전합니다. 그들은 나의 감옥 생활에 괴로움을 더하게 하려는 생각을 품고 있습니다.

18 그렇지만 어떻습니까? 거짓된 마음으로 하든지 참된 마음으로 하든지, 어떤 식으로 하든지 결국 그리스도가 전해지는 것입니다. 나는 그것을 기뻐합니다. 앞으로도 또한 기뻐할 것입니다.

19 나는 여러분의 기도와 예수 그리스도의 영의 도우심으로 내가 풀려나리라는 것을 압니다.

20 나의 간절한 기대와 희망은, 내가 아무 일에도 부끄러움을 당하지 않고 온전히 담대해져서, 살든지 죽든지, 전과 같이 지금도, 내 몸에서 그리스도께서 존귀함을 받으시리라는 것입니다.

21 나에게는, 사는 것이 그리스도이시니, 죽는 것도 유익합니다.

22 그러나 육신을 입고 살아가는 것이 나에게 보람된 일이면, 내가 어느 쪽을 택해야 할지 모르겠습니다.

23 나는 이 둘 사이에 끼여 있습니다. 내가 원하는 것은, 세상을 떠나서 그리스도와 함께 있는 것입니다. 그것이 훨씬 더 나으나,

24 내가 육신으로 남아 있는 것이 여러분에게는 더 필요할 것입니다.

25 나는 이렇게 확신하기 때문에, 여러분의 발전과 믿음의 기쁨을 더하기 위하여 여러분 모두와 함께 머물러 있어야 할 것으로 압니다.

26 내가 다시 여러분에게로 가면, 여러분의 자랑거리가 그리스도 예수 안에서 나 때문에 많아질 것입니다.

감옥에서 보여 준 바울의 긍정적인 태도

바울은 전도 왕이에요.
여기저기 많은 도시를 다니며 사람들에게 복음을 전했어요.
"우리의 죄를 위해 십자가에서 죽으시고
다시 살아나신 예수님을 믿으세요!"
바울은 전도하러 다니면서 많은 어려움을 만났어요.
전도를 방해하는 사람들이 던지는 돌에 맞기도 하고,
배를 타고 가다가 사나운 풍랑이 덮쳐 깊은 바다에 빠질 뻔하기도 했어요.

어느 날, 바울이 감옥에 갇히게 되었어요.
로마의 황제가 복음을 전하는 사람을
감옥에 가두라고 명령했기 때문이에요.
바울의 소식을 들은 빌립보교회의 사람들은
발을 동동거리며 바울을 걱정했어요.

하지만 바울은 긍정적인 생각으로
오히려 사람들을 위로하며 편지를 써 보냈어요.
"여러분, 제가 감옥에 있다고 걱정하지 마세요!
저는 이곳에서 병사들과 죄수들에게 복음을 전하고 있답니다!
또 여러분도 힘써 복음을 전한다는 소식을 들으니 너무나 기쁩니다.
우리 더욱 힘차게 복음을 전합시다!"

바울은 어디에 있든지 두려워하지 않고 복음으로 날마다 기뻐했어요.
어떤 어려움 속에서도 바울은 긍정적인 태도로 희망적인 생각을 했어요.
"예수님께서 내게 힘을 주시기 때문에 나는 모든 것을 할 수 있습니다."
이러한 바울의 자세는 바로
하나님의 자녀가 지녀야 할 '믿음'의 자세랍니다.

Paul's Positive Attitude Shown in Prison

Paul was a missionary.
He traveled to many cities, spreading the gospel.
"Believe in Jesus who died on the cross
for our sins and rose again!"
Paul faced many difficulties while spreading the gospel.
He was stoned by those who opposed him and
nearly drowned in a stormy sea while traveling by boat.

One day, Paul was put in prison.
The Roman emperor had ordered that anyone
who shared the good news should be locked up.
When the people of the Philippian church heard about Paul,
they worried and paced back and forth.

But Paul, with a hopeful heart,
wrote them a letter to comfort and encourage them instead.
"Friends, don't worry about me being in prison!
I am sharing the gospel with the soldiers and prisoners here!
And I am delighted to hear that you are spreading the gospel with great effort.
Let's continue spreading the gospel vigorously!"

Paul rejoiced in the gospel every day,
regardless of his circumstances.
He always thought positively in any difficulty.
"Through Jesus who strengthens me, I can do all things."
Paul's attitude is an example of
the 'faith' that a child of God should have.

긍정적인 태도 연습

날마다 예수님의 사랑을 기억해요.

바울은 어려운 상황에서도 나를 구원하신
예수님의 사랑으로 기뻐하고, 복음 안에서 즐거워했어요.
그래서 자신을 걱정하는 많은 사람들에게
긍정적인 말과 태도로 위로했지요.
나를 사랑하시는 예수님의 사랑을 매일 마음속에 기억한다면
바울과 같이 어려운 상황도 거뜬히 이겨내는
긍정의 성품리더가 될 수 있답니다.

긍정

사자 굴 속에서도 긍정적인 태도를 보인 다니엘

다니엘 6:10-23

10 다니엘은, 왕이 금령 문서에 도장을 찍은 것을 알고도, 자기의 집으로 돌아가서, 다락방으로 올라갔다. 그 다락방은 예루살렘 쪽으로 창문이 나 있었다. 그는 늘 하듯이, 하루에 세 번씩 그의 하나님께 무릎을 꿇고 기도하며, 감사를 드렸다.

11 그 때에 다니엘을 모함하는 사람들이 들이닥쳐, 다니엘이 그의 하나님께 기도하며 간구하는 것을 목격하였다.

12 그들이 왕에게로 나아가서, 다니엘을 고발하려고, 왕에게 금령을 상기시켰다. "임금님, 임금님이 금령에 도장을 찍으시고, 앞으로 삼십 일 동안, 임금님 외에, 다른 신이나 사람에게 무엇을 간구하는 사람은, 누구든지 사자 굴에 던지기로 하지 않으셨습니까?" 왕이 대답하였다. "그 일은 고칠 수 없다. 그것은 메대와 페르시아의 법을 따라 확정된 것이다."

13 그들이 왕에게 아뢰었다. "임금님, 유다에서 잡혀 온 다니엘이 임금님을 무시하고, 또 임금님의 도장이 찍힌 금령을 무시하여, 하루에 세 번씩 기도를 드리고 있습니다."

14 왕은 이 고발을 듣고 몹시 괴로워하고, 다니엘을 구원하려고 마음을 쓰며, 해가 질 때까지 온갖 노력을 다하였다.

15 그 때에 이 사람들이 왕에게 다가와서 말하였다. "임금님, 메대와 페르시아의 법은 임금님이 한 번 금령이나 법률을 세우시면, 그것을 바꾸실 수 없다는 사실을 기억하시기 바랍니다."

16 그래서 왕이 명령을 내리니, 그들이 다니엘을 끌어다가 사자 굴에 던져 넣었다. 왕이 다니엘에게 말하였다. "그대가 늘 섬기는 그대의 하나님이 그대를 구하여 주시기를 비오."

17 사람들이 돌 하나를 굴려다가 어귀를 막았고, 왕이 그 위에 자기의 도장과 귀인들의 도장을 찍어서 봉하였다. 이렇게 하여서 다니엘에게 내린 조치를 변경할 수 없게 하였다.

18 그 뒤에 왕은 궁전으로 돌아가서, 그 날 밤을 뜬 눈으로 지새우며, 먹지도 마시지도 않고, 즐거운 일은 아무것도 하지 못하게 하였다.

19 이튿날 동이 틀 때에, 왕은 일어나는 길로 곧 사자 굴로 갔다.

20 그 굴 가까이에 이르러서, 왕은 슬픈 목소리로 외치며, 다니엘에게 말하였다. "살아 계신 하나님의 종 다니엘은 들으시오, 그대가 늘 섬기는 그대의 하나님이 그대를 사자들로부터 구해 주셨소?"

21 다니엘이 왕에게 아뢰었다. "임금님의 만수무강을 빕니다.

22 나의 하나님이 천사를 보내셔서 사자들의 입을 막으셨으므로, 사자들이 나를 해치지 못하였습니다. 그것은, 하나님 앞에서 나에게는 죄가 없다는 사실이 드러났기 때문입니다. 임금님, 나는 임금님께도 죄를 짓지 않았습니다."

23 왕이 매우 기뻐하면서, 다니엘을 굴에서 끌어올리도록 명령하니, 사람들이 다니엘을 굴에서 끌어올렸다. 그가 자기 하나님을 신뢰하였기 때문에, 그에게서는 아무런 상처도 찾아볼 수 없었다.

사자 굴 속에서도
긍정적인 태도를 보인 다니엘

"다니엘! 그대는 너무나 총명하고 충성스러운 총리요!
자네에게 나라의 모든 것을 맡기고 싶소!"
다리오 왕은 다니엘이 최고라고 칭찬했어요.
다른 총리들은 다니엘을 질투하며 다니엘을 위험에 빠뜨리기 위한 음모를 꾸몄어요.
"왕이시여! 30일 동안 왕 외에 다른 신이나 사람에게 기도하면
사자 굴에 던져버리는 명령을 내리는 것이 어떻겠습니까?
왕의 위엄이 높아질 것입니다!"
"아주 좋은 생각이오! 당장 명령을 내리도록 하겠소!"
다리오 왕의 명령이 백성들에게 내려졌어요.
총리들은 다니엘이 어떻게 하는지 보려고 몰래 숨어서 다니엘을 관찰했어요.
다니엘은 창문을 활짝 열어 원래 하던 대로
아침, 점심, 저녁 하나님을 찬양하며 감사의 기도를 드렸어요.
이 모습을 본 총리들은 곧장 왕에게 달려가 알렸어요.
"왕이시여! 왕의 명령을 무시하며 어긴 사람을 찾았습니다! 바로 다니엘입니다!"
다리오 왕은 깜짝 놀랐어요.
왕이 다니엘을 무척이나 아꼈기 때문이에요.
왕은 어쩔 수 없이 다니엘을 사자 굴에 빠뜨려야 했어요.

왕은 슬퍼하며 다니엘에게 말했어요.
"다니엘아, 부디 하나님이 너를 구원해 주시기 바란다."
다니엘은 사자 굴에 던져졌어요.
다리오 왕은 다니엘이 걱정되어서 밤새 잠도 자지 못하고 안절부절했어요.
아침이 밝자 왕은 사자 굴을 향해 달려갔어요.
"다니엘아! 살아 있느냐?"
"왕이시여! 하나님의 천사가 사자들의 입을 막아 주셨습니다!
저는 상처 하나 없이 안전합니다!"
하나님께서는 믿음으로 하나님께 끝까지 기도 드린 다니엘을 지켜주셨답니다.

Daniel's Positive Attitude in the Lion's Den

"Daniel! You are so wise and loyal!
I want to entrust you with everything in the kingdom!"
King Darius praised Daniel.
The other administrators were jealous and plotted to put Daniel in danger.
"Your Majesty! What if you issue a decree that for the next thirty days,
anyone who prays to any god or human except to you,
O king, shall be thrown into the lion's den? It will elevate your majesty!"
"That's a great idea! I will issue the decree immediately!"
The king's decree was issued to the people.
The administrators secretly watched Daniel to see what he would do.
Daniel went to his room, opened the windows wide towards Jerusalem,
and prayed three times a day, giving thanks to God as he always did.
The administrators ran to the king to report what they had seen.
"Your Majesty! We have found someone who disregards your decree! It is Daniel!"
King Darius was shocked.
He valued Daniel greatly.
The king had no choice but to throw Daniel into the lion's den.

The king spoke to Daniel with sadness.
"Daniel, I hope your God, whom you serve continually, will rescue you."
Daniel was thrown into the lion's den.
The king was so worried that he couldn't sleep and was restless all night.
At dawn, the king hurried to the lion's den.
"Daniel! Are you alive?"
"O king, live forever! My God sent his angel, and he shut the mouths of the lions.
They have not hurt me, because I was found innocent in his sight."
God protected Daniel, who prayed faithfully to Him until the end.

긍정적인 태도 연습

믿음의 모습을 선택해요.

다니엘은 하나님을 믿는 믿음으로
왕의 명령을 두려워하지 않았어요.
믿음의 사람은 나를 지켜주시는
하나님을 의지하기 때문에
언제나 밝은 얼굴, 예쁜 미소를 짓습니다.
어떠한 상황에서도 다니엘처럼
믿음의 태도로 긍정의 얼굴을
선택하기로 약속해 보세요.

긍정

기도는 가장 강력한 긍정의 힘

사무엘상 1:10-20

10 한나는 괴로운 마음으로 주님께 나아가, 흐느껴 울면서 기도하였다.

11 한나는 서원하며 아뢰었다. "만군의 주님, 주님께서 주님의 종의 이 비천한 모습을 참으로 불쌍히 보시고, 저를 기억하셔서, 주님의 종을 잊지 않으시고, 이 종에게 아들을 하나 허락하여 주시면, 저는 그 아이의 한평생을 주님께 바치고, 삭도를 그의 머리에 대지 않도록 하겠습니다."

12 한나가 주님 앞에서 계속 기도를 드리고 있는 동안에, 엘리는 한나의 입술을 지켜보고 있었다.

13 한나가 마음 속으로만 기도를 드리고 있었으므로, 입술만 움직이고 소리는 내지 않았다. 그러므로 엘리는, 한나가 술에 취한 줄로 생각하고,

14 그를 꾸짖었다. "언제까지 술에 취해 있을 것이오? 포도주를 끊으시오."

15 한나가 대답하였다. "제사장님, 저는 술에 취한 것이 아닙니다. 포도주나 독한 술을 마신 것이 아닙니다. 다만 슬픈 마음을 가눌 길이 없어서, 저의 마음을 주님 앞에 쏟아 놓았을 뿐입니다.

16 이 종을 나쁜 여자로 여기지 마시기 바랍니다. 너무나도 원통하고 괴로워서, 이처럼 기도를 드리고 있습니다."

17 그러자 엘리가 말하였다. "그렇다면 평안한 마음으로 돌아가시오. 이스라엘의 하나님이, 그대가 간구한 것을 이루어 주실 것이오."

18 한나가 대답하였다. "제사장님, 이 종을 좋게 보아 주시기 바랍니다." 한나는 그 길로 가서 음식을 먹었다. 그리고 다시는 얼굴에 슬픈 기색을 띠지 않았다.

19 다음날 아침, 그들은 일찍 일어나 주님께 경배를 드리고 나서, 라마에 있는 집으로 돌아왔다. 엘가나가 아내 한나와 동침하니, 주님께서 한나를 기억하여 주셨다.

20 한나가 임신을 하고, 달이 차서 아들을 낳았다. 한나는, 주님께 구하여 얻은 아들이라고 하여, 그 아이의 이름을 사무엘이라고 지었다.

기도는 가장 강력한 긍정의 힘

“흑흑흑! 하나님, 저에게 아기를 주세요.
아기를 주시면 하나님을 위해 살도록 하겠습니다.”
아기가 없었던 한나는 너무도 슬펐어요.
한나는 성전에서 엉엉 울며 하나님께 슬픈 마음을 고백했어요.
한나는 소리를 내지 않고 입을 뻥긋뻥긋거리며 마음속으로 기도했지요.

성전 한 곳에 앉아 있었던 엘리 제사장은 한나를 보고 생각했어요.
‘쯧쯧쯧, 저 여자가 술에 취하였구나!’
엘리 제사장은 한나에게 다가가 이야기했어요.
“이보시오! 언제까지 술에 취해 있을 겁니까? 정신을 차리세요!”
한나는 기도를 멈추고, 눈물이 그렁그렁한 눈으로
엘리 제사장을 바라보며 말했어요.
“제사장님, 저는 술을 마시지 않았습니다.
마음이 괴로워서 하나님께 기도하고 있었습니다.”

엘리 제사장은 한나를 불쌍히 여기며 말하였어요.
“평안히 가세요. 하나님께서 당신이 기도한 것을 들어주실 것입니다.”
한나는 자신의 기도를 들으시는 하나님을 믿고 기뻐하며 소리쳤어요.
“제사장님, 감사합니다!”
기쁜 마음으로 집에 돌아간 한나는 그날부터 슬퍼하지 않았어요.
하나님께서 자신의 기도를 들어주실 것을 믿고
긍정적인 태도를 선택했기 때문이에요.

하나님께서는 한나의 기도를 들으시고,
아들을 낳게 해 주셨어요.
그 아들의 이름이 바로 사무엘입니다.
한나의 약속대로 사무엘은 이스라엘 백성들에게
하나님의 뜻을 전하는 사람으로 자라났답니다.

Prayer, the Greatest Power

"Sob sob, God, please give me a child.
If you give me a child, I will dedicate him to the Lord."
Hannah was very sad because she had no children.
She wept and confessed her sorrow to God in the temple.
Hannah prayed silently with her lips moving but without making a sound.

Eli the priest saw her and thought to himself,
"Tsk tsk, this woman is drunk!"
Eli approached Hannah and said,
"How long are you going to stay drunk?
Put away your wine."
Hannah stopped praying, looked at Eli with tearful eyes, and said,
"Sir, I am not drunk.
I am deeply troubled and have been praying to the LORD."

Eli felt compassion for her and said,
"Go in peace. May the God of Israel grant you what you have asked of him."
Hannah believed that God heard her prayer and shouted joyfully,
"Thank you, sir!"
She returned home with a joyful heart and did not feel sad anymore.
She chose a positive attitude because she believed that
God would answer her prayer.

God heard Hannah's prayer and gave her a son.
His name was Samuel.
As promised, Samuel grew up to be a person
who conveyed God's will to the Israelites.

긍정적인 태도 연습

가장 긍정적인 태도인 기도를 선택해요.

기도는 어떠한 상황에서도
절망하거나 포기하지 않고,
하나님을 의지하는 것을 말합니다.
언제나 우리의 기도를 들으시는 하나님께서는
우리를 가장 좋고, 안전한 곳으로 이끌어 주시지요.
따라서 어려운 상황에서
우리가 선택할 수 있는 가장 긍정적인 태도가
기도라는 것을 꼭 기억하세요.

긍정

긍정적인 태도의 가나안 여인

마태복음 15:21-28

21 예수께서 거기에서 떠나서, 두로와 시돈 지방으로 가셨다.

22 마침, 가나안 여자 한 사람이 그 지방에서 나와서 외쳐 말하였다. "다윗의 자손이신 주님, 나를 불쌍히 여겨 주십시오. 내 딸이, 귀신이 들려 괴로워하고 있습니다."

23 그러나 예수께서는 한 마디도 대답하지 않으셨다. 그 때에 제자들이 다가와서, 예수께 간청하였다. "저 여자가 우리 뒤에서 외치고 있으니, 그를 안심시켜서 떠나보내 주십시오."

24 예수께서 대답하셨다. "나는 오직 이스라엘 집의 길을 잃은 양들에게 보내심을 받았을 따름이다."

25 그러나 그 여자는 나아와서, 예수께 무릎을 꿇고 간청하였다. "주님, 나를 도와주십시오."

26 예수께서 대답하셨다. "자녀들의 빵을 집어서, 개들에게 던져 주는 것은 옳지 않다."

27 그 여자가 말하였다. "주님, 그렇습니다. 그러나 개들도 주인의 상에서 떨어지는 부스러기는 얻어먹습니다."

28 그제서야 예수께서 그 여자에게 말씀하셨다. "여자여, 참으로 네 믿음이 크다. 네 소원대로 되어라." 바로 그 시각에 그 여자의 딸이 나았다.

긍정적인 태도의 가나안 여인

"예수님! 제발 저를 도와주세요!
제 딸이 귀신 때문에 괴로워하고 있어요!"
한 가나안 여인이 큰 소리로 예수님을 부르며 따라왔어요.

제자들이 예수님께 불평하며 말했어요.
"예수님, 저 여자를 어떻게 좀 해주세요. 우리를 너무 귀찮게 합니다."
제자들의 말에 예수님께서 말씀하셨어요.
"나는 이스라엘 사람들을 천국으로 인도하기 위해 왔지
이방인을 위해 온 것이 아니다."

가나안 여인은 포기하지 않고, 예수님께 절하며 간절히 말했어요.
"예수님, 제발 저를 도와주세요."
"자녀가 먹는 빵을 빼앗아 개들에게 던져 주는 것은 옳지 않단다!"
예수님은 가나안 여인의 부탁을 매몰차게 거절하셨어요.

하지만 가나안 여인은 계속되는 예수님의 거절에도 희망을 버리지 않았어요.
"맞습니다. 하지만 개들도 주인의 식탁에서 떨어지는 빵 부스러기를 주워 먹습니다.
개들이 떨어진 부스러기를 주워 먹는 것처럼 이방인인 저에게도
은혜를 베풀어 주세요. 제발 제 딸을 살려주세요."
가나안 여인은 예수님께서 자신의 딸을 낫게 하실 수 있을 거라는
믿음을 가지고 겸손한 태도로 예수님께 부탁했어요.
예수님께서 말씀하셨어요.
"네 믿음이 정말 크구나! 너의 소원대로 딸이 나을 것이다!"
가나안 여인은 끝까지 포기하지 않는
긍정적인 태도로 믿음의 모습을 보여주었어요.

예수님께서는 여인의 믿음을 기뻐하시며 사람들 앞에서 크게 칭찬하시고,
가나안 여인의 소원을 들어주셨답니다.

The Positive Attitude of the Canaanite Woman

"Jesus! Please help me!
My daughter is suffering terribly from demon possession!"
A Canaanite woman followed Jesus, calling out loudly.

The disciples complained to Jesus,
"Jesus, please do something about this woman. She is bothering us."
Jesus replied,
"I was sent only to the lost sheep of Israel, not to the Gentiles."

The Canaanite woman did not give up.
She knelt before Jesus and pleaded, "Lord, help me."
"It is not right to take the children's bread and toss it to the dogs,"
Jesus replied.

Despite Jesus' seemingly harsh refusal,
the Canaanite woman did not lose hope.
"Yes, Lord, but even the dogs eat the crumbs that
fall from their master's table.
Please grant me grace, and heal my daughter."
The Canaanite woman showed humility and unwavering faith,
believing Jesus could heal her daughter.
Jesus said to her,
"Woman, you have great faith! Your request is granted."
At that moment, her daughter was healed.

The Canaanite woman's positive attitude and
faith were greatly praised by Jesus, and He granted her request.

긍정적인 태도 연습

좋은 생각으로 포기하지 않아요.

가나안 여인은 예수님께서 반드시
자신의 딸을 고쳐줄 것이라는 믿음이 있었어요.
그래서 포기하지 않고 예수님께 요청했지요.
다른 사람의 거절과 실패가 두렵나요?
언제나 좋은 생각으로 끝까지 포기하지 마세요.
긍정적인 사람에게 하나님의 좋은 뜻이 이루어질 거예요.

긍정적인 태도란
'어떠한 상황에서도 가장 희망적인 생각, 말, 행동을 선택하는 마음가짐'
(좋은나무성품학교 정의)입니다.

긍정적인 태도를 가르치는 것은 자녀를 건강한 신앙을 지닌 믿음의 어린이로
성장시키는 자양분이며, 성품리더로 세울 수 있는 현명한 교육입니다.
긍정적인 태도를 지닌 사람은 무엇이든 성공하는 방향으로 생각하고,
성공할 수 있는 길을 찾기 위해서 노력하지요.

먼저, 언제나 좋은 생각을 하며 희망적인 말을 선택하기로 약속해 보세요.
그러면 자녀가 밝은 얼굴로 해야 할 일을 즐겁게 하게 될 것입니다.
어려운 일이 생길 때, "나는 할 수 있어요!"라고 말할 수 있는 자신감을 갖게 되지요.

자녀는 부모가 말하는 대로 자랍니다.
"꼭 이루어질 거야!", "해낼 수 있어!" 등 부모의 기대와 격려는
자녀를 더욱 긍정적이고 자신감 있는 아이로 자라게 할 것입니다.

"모든 지킬 만한 것 중에 더욱 네 마음을 지키라 생명의 근원이 이에서 남이니라"
(잠언 4장 23절)

재미있는 성경이야기로 배우는 하나님의 사랑

CHARACTER BIBLE

성품바이블

기쁨

어려운 상황이나 형편 속에서도 불평하지 않고 즐거운 마음을 유지하는 태도

Always having a happy heart without complaints.

좋은나무성품학교 정의

기쁨

내가 얼마나 소중한지

스바냐 3:17

17 주 너의 하나님이 너와 함께 계신다. 구원을 베푸실 전능하신
하나님이시다. 너를 보고서 기뻐하고 반기시고, 너를 사랑으로
새롭게 해주시고 너를 보고서 노래하며 기뻐하실 것이다.

내가 얼마나 소중한지

누군가 진짜 나를 사랑할 때
어떤 기분일까요?
스바냐 선지자가 전해준 하나님의 마음을 들어보세요.

하나님은 나만 보면
기쁨을 참지 못하신대요.
"○○야, ○○야!"
날마다 즐겁게 내 이름을 부르시고
내 생각만 해도 가슴이 콩콩 설레신대요.
너무너무 기쁘셔서 노래까지 부르신대요.

왜냐면요.
하나님은 나를 만드신 분이거든요.
나와 함께 걷고
내 손을 잡고
내 눈물을 닦아주고 싶어 하세요.
하나님은 나에게 구원을 베푸실,
능력이 많으신 하나님 아버지세요.

나를 언제나 사랑하시고
나를 어디서나 반기시고
나를 영원히 잊지 못하세요.

하나님 아버지의 사랑은
우리 엄마의 사랑보다 더,
우리 아빠의 사랑보다 더 더 커요.
그 크신 사랑으로 오늘도 이렇게 말씀하신대요.
"넌 정말 소중하단다."

I Am So Precious

Have you ever wondered
what it feels like to be truly loved?
Let's listen to what the prophet Zephaniah said
about God's heart for us.

When God looks at you,
He can't help but smile and rejoice!
"______! ______!"
He calls your name with joy every day
and His heart dances with joy just thinking about you.
He's so happy—He even sings over you!

Do you know why?
Because God is the One who made you.
He wants to walk beside you,
hold your hand,
and wipe away your tears.
He is a powerful and mighty Father
who saves you with His unfailing love.

God always loves you,
welcomes you wherever you go,
and never, ever forgets you.

God's love is greater than your mom's love,
greater than your dad's love—
so much greater!
With that big love,
God whispers to you today,
"You are so, so precious to Me."

기쁨 태도 연습

하나님이 지으신 나를 기뻐해요.

하나님께서는 내가 태어나기도 전에
온 세상을 미리 만드시고
나에게 필요한 모든 것을 준비하셨어요.
세상의 모든 것을 창조하신 후
가장 소중하게 나를 만드셨지요.
하나님이 나에게 선물로 주신 세상을 보며
하나님의 크신 사랑을 느껴보세요.
그리고 지금도 나를 보시며 기뻐하시는
하나님을 기쁨으로 찬양해 보세요.

기쁨

하나님의 기쁨은 바로 '나'

이사야 43:4-7

4 "내가 너를 보배롭고 존귀하게 여겨 너를 사랑하였
으므로, 너를 대신하여 다른 사람들을 내주고, 너의 생
명을 대신하여 다른 민족들을 내주겠다.

5 내가 너와 함께 있으니 두려워하지 말아라. 내가 동
쪽에서 너의 자손을 오게 하며, 서쪽에서 너희를 모으
겠다.

6 북쪽에다가 이르기를 '그들을 놓아 보내어라' 하고,
남쪽에다가도 '그들을 붙들어 두지 말아라. 나의 아들
들을 먼 곳에서부터 오게 하고, 나의 딸들을 땅 끝에서
부터 오게 하여라.

7 나의 이름을 부르는 나의 백성, 나에게 영광을 돌리
라고 창조한 사람들, 내가 빚어 만든 사람들을 모두 오
게 하여라' 하고 말하겠다."

하나님의 기쁨은 바로 '나'

하나님께서 이사야 선지자에게, 우리에게 꼭 하고 싶은 말을 들려주셨어요.
"너는 내 눈에 보배롭고 존귀하단다. 내가 너를 얼마나 사랑하는지 아니?
네가 슬플 때도, 무서울 때도 나는 너를 절대 놓지 않을 거야.
다른 모든 것을 내어준다 해도 '너'를 지키고 사랑할 거야."

하나님은 "두려워하지 말라"고 하세요.
왜냐하면 하나님이 우리와 함께하시기 때문이에요.
동쪽에서 서쪽에서, 남쪽이든 북쪽이든
하나님은 온 세상에 있는 자녀들을
하나하나 부르시고 하나님의 사랑을 알려주세요.

우리는 하나님 영광을 위해 짠! 만들어졌어요.
하나님은 "내가 너를 지었고 내가 너를 만들었다"고 말씀하세요.

우리가 얼마나 사랑스러운 존재인지!
특별한 일을 해서? 아니에요.
착한 일을 잔뜩 해서? 아니에요.
하나님이 처음부터 우리를 보배롭고 존귀하게 지으셨기 때문이에요.
우리가 숨만 쉬어도, 가만히 거기 있기만 해도
하나님은 우리를 인정하시고 사랑하세요.
하나님의 사랑은 그렇게 영원하답니다.

그래서 우리는 아무 걱정이 없어요.
마음 놓고 뛰어놀 수 있고요.
엄마 품에서, 아빠 품에서 걱정 없이 새근새근 잠들 수 있어요.
하나님 품에서 행복하게 살 수 있어요.

기억하세요!
하나님이 가장 사랑하는 사람은 바로바로
이 말씀을 읽고 있는 우리예요.
바로 '나'예요!

It's Me, God's Joy!

God gave a very special message to the prophet Isaiah—
a message He wants you to know.

"You are precious and special to Me.
Do you know how much I love you?
When you feel sad or scared, I will never, ever let you go.
Even if I gave up everything else, I would still hold on to you and love you."

God says, "Don't be afraid,"
because He is always right there with us.
From the east and west, from the south and north—
God calls each of His children by name and whispers, "I love you so much."

We were made—ta-da!—to show God's glory!
God says, "I shaped you with My own hands."

Do you know how wonderfully I made you?
Is it because you do big, amazing things? Nope.
Is it because you do lots of good deeds? Nope.
It's because from the very beginning, God made you precious and beautiful.

Even when you're just breathing, even when you're quietly sitting still,
God sees you, smiles at you, and loves you.
His love never ends—ever!

That's why we don't need to worry at all.
We can run and play freely,
sleep safely in Mom's and Dad's arms,
and live happily in God's loving arms.

Remember this!
The one God loves the very most is
none other than you, reading this story.
Yes, it's me! I'm God's joy!

기쁨 태도 연습

하나님의 자녀 된 것을 기뻐해요.

하나님께서 이 세상 그 무엇보다도 나를 가장 멋지게 만드셨어요.
나를 너무도 사랑하시고, 기뻐하시는 하나님께서
죄에 빠진 우리를 위해 예수님의 십자가로 구원해 주셨지요.
이제 우리는 하나님의 자녀가 되었어요!
하나님의 자녀가 된 것을 기뻐하며 나를 향해
"난 특별한 하나님의 자녀야!"라고 외쳐보세요.

기쁨

감옥에서도 기뻐했던 바울

사도행전 16:16-34

16 어느 날 우리가 기도하는 곳으로 가다가, 귀신 들
려 점을 치는 여종 한 사람을 만났는데, 그는 점을
쳐서, 주인들에게 큰 돈벌이를 해주는 여자였다.

17 이 여자가 바울과 우리를 따라오면서, 큰 소리로
"이 사람들은 지극히 높으신 하나님의 종들인데, 여
러분에게 구원의 길을 전하고 있다" 하고 외쳤다.

18 그 여자가 여러 날을 두고 이렇게 하므로, 바울이
귀찮게 여기고 돌아서서, 그 귀신에게 "내가 예수 그
리스도의 이름으로 네게 명하니, 이 여자에게서 나오
라" 하고 말하니, 바로 그 순간에 귀신이 나왔다.

19 그 여자의 주인들은, 자기들의 돈벌이 희망이 끊
어진 것을 보고, 바울과 실라를 붙잡아서, 광장으로
관원들에게로 끌고 갔다.

20 그리고 그들을 치안관들 앞에 세워 놓고서 "이
사람들은 유대 사람들인데, 우리 도시를 소란하게
하고 있습니다.

21 이 사람들은 로마 시민인 우리로서는, 받아들일
수도 없고 실천할 수도 없는, 부당한 풍속을 선전하
고 있습니다" 하고 말하였다.

22 무리가 그들을 공격하는 데에 합세하였다. 그러
자 치안관들은 바울과 실라의 옷을 찢어 벗기고, 그
들을 매로 치라고 명령하였다.

23 그래서 이 명령을 받은 부하들이 그들에게 매질
을 많이 한 뒤에, 감옥에 가두고, 간수에게 그들을
단단히 지키라고 명령하였다.

24 간수는 이런 명령을 받고, 그들을 깊은 감방에 가
두고서, 그들의 발에 차꼬를 단단히 채웠다.

25 한밤쯤 되어서 바울과 실라가 기도하면서 하나
님을 찬양하는 노래를 부르고 있는데, 죄수들이 듣고
있었다.

26 그 때에 갑자기 큰 지진이 일어나서, 감옥의 터전
이 흔들렸다. 그리고 곧 문이 모두 열리고, 모든 죄수
의 수갑이며 차꼬가 풀렸다.

27 간수가 잠에서 깨어서, 옥문들이 열린 것을 보고
는, 죄수들이 달아난 줄로 알고, 검을 빼어서 자결하
려고 하였다.

28 그 때에 바울이 큰소리로 "그대는 스스로 몸을 해
치지 마시오. 우리가 모두 그대로 있소" 하고 외쳤다.

29 간수는 등불을 달라고 해서, 들고 뛰어 들어가, 무
서워 떨면서, 바울과 실라 앞에 엎드렸다.

30 그리고 그들을 바깥으로 데리고 나가서 물었다.
"두 분 사도님, 내가 어떻게 해야 구원을 얻을 수 있
습니까?"

31 그들이 대답하였다. "주 예수를 믿으시오. 그리하
면 그대와 그대의 집안이 구원을 얻을 것입니다."

32 그리고 하나님의 말씀을 간수와 그의 집에 있는
모든 사람에게 들려주었다.

33 그 밤 그 시각에, 간수는 그들을 데려다가, 상처
를 씻어 주었다. 그리고 그와 온 가족이 그 자리에서
세례를 받았다.

34 간수는 그들을 자기 집으로 데려다가 음식을 대
접하였다. 그는 하나님을 믿게 된 것을 온 가족과 함
께 기뻐하였다.

감옥에서도 기뻐했던 바울

바울과 실라가 빌립보 도시에서 예수님을 전했어요.
그때! 귀신 들린 한 여종이 바울과 실라를 쫓아다니면서 소리쳤어요.
"이 사람들은 하나님의 종입니다!"
여종이 며칠을 바울과 실라를 쫓아다니며 전도하는 것을 방해하고 귀찮게 했어요.
전도에 방해를 받은 바울과 실라는 여종에게 있는 귀신을 내쫓아 주었어요.

그런데 문제가 생겼어요.
여종의 주인이 붉으락푸르락 화가 난 거예요.
귀신 들린 여종이 사람들의 점을 봐주며 주인에게 많은 돈을 벌어다 주었는데,
이제는 귀신이 떠나가서 점을 볼 수 없게 됐기 때문이에요.
주인은 돈을 벌 수 없게 되자 바울과 실라를 신고해 버렸어요.
군사들은 바울과 실라를 잡아다가 때리고 감옥에 가두었어요.
매를 많이 맞아 옷이 찢어지고 몸에서는 피가 났어요.
여기저기 안 아픈 곳이 없었지요.

그러나 바울과 실라는 속상해하지 않았어요.
오히려 기쁨의 찬양을 불렀어요.
"예수님이 저를 얼마나 사랑하시는지,
저를 얼마나 소중히 여기시는지 예수님의 마음을 알게 되어 기뻐요!
예수님을 전할 수 있게 해주셔서 감사해요!"
바울은 복음을 전하다가 자주 매도 맞고,
감옥에 갇혔지만,
그때마다 예수님을 찬양했어요.

감옥에서도 예수님으로 기뻐했던 바울은 이렇게 고백했어요.
"여러분, 항상 기뻐하십시오! 쉬지 말고 기도하십시오.
모든 일에 감사하십시오.
이것이 하나님의 뜻입니다."

Paul Rejoiced Even in Prison

Paul and Silas were preaching about Jesus in the city of Philippi.
Then, a slave girl possessed by a spirit started following them and shouting.
"These men are servants of the Most High God!"
The girl followed Paul and Silas for days,
interrupting their preaching and being a nuisance.
Paul and Silas cast out the spirit from the girl.

But then, a problem arose.
The girl's owners were furious because the girl,
who could no longer predict the future,
had made them a lot of money.
Unable to make money anymore,
they reported Paul and Silas.
The soldiers arrested Paul and Silas, beat them,
and threw them into prison.
They were beaten so severely that their clothes were torn and their bodies bled.

They hurt everywhere, but Paul and Silas were not upset.
Instead, they sang songs of joy.
"I am glad to know how much Jesus loves me and how precious I am to Him!
Thank you for allowing me to preach about Jesus!"
Paul often faced beatings and imprisonment for preaching the gospel,
but each time, he praised Jesus.

Even in prison, Paul rejoiced in Jesus and declared,
"Rejoice always! Pray continually!
Give thanks in all circumstances.
This is God's will."

기쁨 태도 연습

믿음으로 항상 기뻐해요.

바울은 믿음으로 어려운 상황에서도 슬퍼하거나 좌절하지 않고,
오히려 하나님을 찬양하고 기도했어요.
바울이 가진 믿음은 바로 나를 구원하신 하나님을 아는 것이었어요.
이러한 믿음을 가진 사람은 하나님께서
언제나 나와 함께하시는 것을 알고,
어떠한 상황에서도 기쁨을 잃지 않는
좋은 성품의 리더가 될 수 있답니다.

기쁨

꿈이 있는 요셉의 기쁨

창세기 37:1-11

1 야곱은 자기 아버지가 몸붙여 살던 땅 곧 가나안 땅에서 살았다.

2 야곱의 역사는 이러하다. 열일곱 살 된 소년 요셉이 아버지의 첩들인 빌하와 실바가 낳은 형들과 함께 양을 치는데, 요셉은 형들의 허물을 아버지에게 일러바치곤 하였다.

3 이스라엘은 늘그막에 요셉을 얻었으므로, 다른 아들들보다 요셉을 더 사랑하여서, 그에게 화려한 옷을 지어서 입혔다.

4 형들은 아버지가 그를 자기들보다 더 사랑하는 것을 보고서 요셉을 미워하며, 그에게 말 한 마디도 다정스럽게 하는 법이 없었다.

5 한 번은 요셉이 꿈을 꾸고서 그것을 형들에게 말한 일이 있는데, 그 일이 있은 뒤로부터 형들은 그를 더욱더 미워하였다.

6 요셉이 형들에게 말하였다. "내가 꾼 꿈 이야기를 한 번 들어 보셔요.

7 우리가 밭에서 곡식단을 묶고 있었어요. 그런데 갑자기 내가 묶은 단이 우뚝 일어서고, 형들의 단이 나의 단을 둘러서서 절을 하였어요."

8 형들이 그에게 말하였다. "네가 우리의 왕이라도 될 성싶으냐? 정말로 네가 우리를 다스릴 참이냐?" 형들은 그의 꿈과 그가 한 말 때문에 그를 더욱더 미워하였다.

9 얼마 뒤에 그는 또 다른 꿈을 꾸고, 그것을 형들에게 말하였다. "들어 보셔요. 또 꿈을 꾸었어요. 이번에는 해와 달과 별 열한 개가 나에게 절을 했어요."

10 그가 아버지와 형들에게 이렇게 말할 때에, 그의 아버지가 그를 꾸짖었다. "네가 꾼 그 꿈이 무엇이냐? 그래, 나하고 너의 어머니하고 너의 형들이 함께 너에게로 가서, 땅에 엎드려서, 너에게 절을 할 것이란 말이냐?"

11 그의 형들은 그를 시기하였지만, 아버지는 그 말을 마음에 두었다.

꿈이 있는 요셉의 기쁨

"아빠! 엄마! 형! 내 얘기 좀 들어보세요!"
요셉이 가족들을 불러 모아 꿈 이야기를 들려주었어요.
"형들이 묶은 곡식 단들이 내 곡식 단 앞에서 절을 했어요!
또 해와 달, 열한 개의 별들이 나에게 절을 했어요!"
"뭐야! 네가 우리의 왕이라도 된단 말이야?"
형들은 씩씩거리며 화를 냈어요.
안 그래도 아빠의 사랑을 독차지하는 요셉이 미웠는데,
요셉의 꿈 이야기를 들으니 더욱 화가 났지요.

화가 난 형들은 요셉을
애굽으로 가는 상인들에게 노예로 팔았어요.
노예로 팔린 요셉은 보디발 장군의 집에서 일을 하게 되었어요.
요셉은 보디발 장군의 집에서 일을 하다가
억울하게 누명을 쓰고 그만 감옥에 갇히는 일까지 겪게 되었지요.

형들의 미움을 받고, 노예로 팔려가고,
감옥에 갇히게 된 요셉의 마음은 어땠을까요?
화가 났을까요? 슬펐을까요?
아니에요.
요셉은 하나님이 주신 꿈을 간직하며 기뻐했어요.

모든 어려운 상황 속에서도 힘을 내어 성실하게 일했던 요셉은
결국 애굽의 백성을 다스리는 총리가 되었답니다.
하나님이 주신 꿈을 간직하는 사람은 어떠한 상황에서도
요셉처럼 기뻐할 수 있는 힘이 있어요.
우리 다 같이 외쳐봐요.
"나를 사랑하시고 꿈을 주시는 예수님을 기뻐 찬양합니다!"

Joseph's Joy in His Dreams

Dad! Mom! Brothers! Listen to my story!"
Joseph gathered his family to tell them about his dream.
"The sheaves of grain that you had gathered bowed down to my sheaf of grain!
And the sun, moon, and eleven stars bowed down to me!"
"What? Do you mean to say you will become our king?"
The brothers were angry.
They already hated Joseph for being their father's favorite,
and hearing his dreams made them even angrier.

Out of anger,
the brothers sold Joseph to merchants going to Egypt.
Joseph, now a slave, worked in the house of Potiphar, the Egyptian officer.
While working, he was falsely accused and thrown into prison.

How do you think Joseph felt after being hated by his brothers,
sold as a slave, and thrown into prison?
Was he angry? Was he sad?
No,
Joseph kept his joy because
he held onto the dream God had given him.

Despite all his hardships,
Joseph worked diligently and eventually became the ruler of Egypt.
A person who holds onto the dreams given by God
can find joy in any situation, just like Joseph.
Let's all shout together,
"I rejoice and praise Jesus, who loves me and gives me dreams!"

기쁨 태도 연습

하나님이 주신 꿈을 이루어 가요.

꿈이 있는 사람은 그 꿈이 이루어질 것을 기대합니다.
따라서 미래를 기대하는 자세로
기쁜 마음을 유지할 수 있는 힘이 생기지요.
나에게도 하나님이 주신 꿈이 있어요.
미래를 기대하며 어려운 상황에서도
나에게 맡겨진 일을 성실하게 수행하여
꿈을 이루어 가는 기쁨의 어린이가 되기로 약속해요.

기쁨

기쁨의 춤으로 예배하는 다윗

사무엘하 6:14-23

14 그리고 다윗은 모시로 만든 에봇만을 걸치고, 주님 앞에서 온 힘을 다하여 힘차게 춤을 추었다.

15 다윗과 온 이스라엘 가문은 환호성을 올리고, 나팔 소리가 우렁찬 가운데, 주님의 궤를 옮겨 왔다.

16 주님의 궤가 '다윗 성'으로 들어올 때에, 사울의 딸 미갈이 창 밖을 내다보다가, 다윗 왕이 주님 앞에서 뛰면서 춤을 추는 것을 보고, 마음 속으로 그를 업신여겼다.

17 그들이 주님의 궤를 들어다가, 다윗이 궤를 두려고 쳐 놓은 장막 안 제자리에 옮겨 놓았을 때에, 다윗이 주님 앞에 번제와 화목제를 드렸다.

18 다윗은 번제와 화목제를 드리고 나서, 만군의 주님의 이름으로 백성에게 복을 빌어 주고,

19 그 곳에 모인 온 이스라엘 백성에게, 남녀를 가리지 않고, 각 사람에게, 빵 한 덩이와 고기 한 점과 건포도 과자 한 개씩을 나누어 주었다. 그런 다음에 온 백성이 각각 자기들의 집으로 돌아갔다.

20 다윗이 자기의 집안 식구들에게 복을 빌어 주려고 궁전으로 돌아가니, 사울의 딸 미갈이 다윗을 맞으러 나와서, 이렇게 말하였다. "오늘 이스라엘의 임금님이, 건달패들이 맨살을 드러내고 춤을 추듯이, 신하들의 아내가 보는 앞에서 몸을 드러내며 춤을 추셨으니, 임금님의 체통이 어떻게 되었겠습니까?"

21 다윗이 미갈에게 대답하였다. "그렇소. 내가 주님 앞에서 그렇게 춤을 추었소. 주님께서는, 그대의 아버지와 그의 온 집안이 있는데도, 그들을 마다하시고, 나를 뽑으셔서, 주님의 백성 이스라엘을 다스리도록, 통치자로 세워 주셨소. 그러니 나는 주님을 찬양할 수밖에 없소. 나는 언제나 주님 앞에서 기뻐하며 뛸 것이오.

22 내가 스스로를 보아도 천한 사람처럼 보이지만, 주님을 찬양하는 일 때문이라면, 이보다 더 낮아지고 싶소. 그래도 그대가 말한 그 여자들은 나를 더욱 더 존경할 것이오."

23 이런 일 때문에 사울의 딸 미갈은 죽는 날까지 자식을 낳지 못하였다.

기쁨의 춤으로 예배하는 다윗

"하나님께서 우리와 함께하시니 신나는구나!"
전쟁 때 빼앗긴 여호와의 궤를
예루살렘 성으로 가져오니
이스라엘 백성들과 다윗 왕은 기뻐했어요.

"여호와의 궤를 찾은 것을 감사드리며,
기쁨의 예배를 드리자!
모두 하나님을 찬양하여라!"
"와아아아아아아!"
다윗 왕은 하나님께
기쁨의 예배를 드렸어요.
백성들은 '빰빠라밤' 나팔을 불며
기쁨으로 함성을 외쳤어요.

다윗은 펄쩍펄쩍 높이 뛰며,
덩실덩실 기쁨의 춤으로
하나님께 예배를 드렸어요.
어머나!
다윗 왕이 얼마나 열심히 춤을 추었던지
그만 바지가 벗겨져 버렸어요.
다윗 왕은 자신의 바지가 벗겨진 줄도 모르고
하나님을 기뻐하는 춤을 멈추지 않았지요.

다른 사람들은 깔깔깔 비웃고,
수군수군하며 손가락질해도
다윗 왕은 이스라엘과 함께하시는
하나님을 찬양하며 기뻐했어요.
우리도 나를 사랑하시는 하나님을 기뻐하며
다윗 왕처럼 기쁨의 춤을 춰 볼까요?

David Worships with a Dance of Joy

"God is with us—how exciting!"
When the Ark of the Lord,
which had been taken during the war,
was brought back to the city of Jerusalem,
the Israelites and King David rejoiced.

"Let's thank God for finding the Ark of the Lord,
and give Him a joyful worship!
Everyone, praise God!"
"Waaahhh!"
King David offered joyful worship to God.
The people blew their trumpets—pa-pa-pa-pam!—
and shouted with joy.

King David jumped up high,
dancing and twirling with joy before the Lord.
Oh my!
He danced so eagerly
that his pants slipped right off!
But King David didn't even notice—
he just kept dancing joyfully before God.

Some people giggled and whispered,
pointing and laughing at him.
But King David didn't mind.
He kept praising God
who was with the people of Israel.

Shall we also dance with joy like King David,
rejoicing in the God who loves us so much?

기쁨 태도 연습

기쁨의 마음을 잘 표현해요.

나의 기쁨을 다른 사람들과 나누면
기쁨을 더 크게 느낄 수 있게 됩니다.
기쁨을 나누는 방법은 바로 내가 느끼는 기쁨을
표정이나 행동, 말로 표현하는 것이지요.
부모님, 선생님, 친구들에게 나의 기쁜 마음을 표현해 보세요.
내 기쁨을 통해 다른 사람도 기쁨의 마음을
함께 느낄 수 있게 될 거예요.

기쁨

기쁨의 첫 순교자 스데반

사도행전 6:8-15, 7:56-60

8 스데반은 은혜와 능력이 충만해서, 백성 가운데서
놀라운 일과 큰 기적을 행하고 있었다.

9 그 때에 구레네 사람과 알렉산드리아 사람과 길
리기아와 아시아에서 온 사람으로 구성된, 이른바
리버디노 회당에 소속된 사람들 가운데에서 몇이 들
고일어나서, 스데반과 논쟁을 벌였다.

10 그러나 스데반이 지혜와 성령으로 말하므로, 그들
은 스데반을 당해 낼 수 없었다.

11 그러므로 그들은 사람들을 선동하여 "스데반이 모
세와 하나님을 모독하는 말을 하는 것을 우리가 들
었습니다" 하고 말하게 하였다.

12 그리고 백성과 장로들과 율법학자들을 부추기고,
스데반에게로 몰려가 그를 붙잡아서, 공의회로 끌고
왔다.

13 그리고 거짓 증인들을 세워서, 이렇게 말하게 하
였다. "이 사람은 쉴새 없이 이 거룩한 곳과 율법을
거슬러 말을 합니다.

14 이 사람이, 나사렛 예수가 이 곳을 헐고 또 모세가
우리에게 전하여 준 규례를 뜯어 고칠 것이라고 말
하는 것을, 우리가 들었습니다."

15 공의회에 앉아 있는 사람들이 모두 스데반을 주목
하여 보니, 그 얼굴이 천사의 얼굴 같았다.

56 그래서 그는 "보십시오, 하늘이 열려 있고, 하나님
의 오른쪽에 인자가 서 계신 것이 보입니다" 하고 말
하였다.

57 사람들은 귀를 막고, 큰 소리를 지르고서, 일제히
스데반에게 달려들어,

58 그를 성 바깥으로 끌어내서 돌로 쳤다. 증인들은
옷을 벗어서, 사울이라는 청년의 발 앞에 두었다.

59 사람들이 스데반을 돌로 칠 때에, 스데반은 "주
예수님, 내 영혼을 받아 주십시오" 하고 부르짖었다.

60 그리고 무릎을 꿇고서 큰 소리로 "주님, 이 죄를
저 사람들에게 돌리지 마십시오" 하고 외쳤다. 이
말을 하고 스데반은 잠들었다.

기쁨의 첫 순교자 스데반

"예수님 믿으세요!
예수님은 하나님의 아들입니다!"
스데반은 매일매일 예수님을 전했어요.
스데반을 통하여 많은 사람이 예수님을 믿게 되었지요.

어느 날, 예수님을 믿지 않는 사람들이
스데반을 쫓아내기 위해 거짓말을 했어요.
"저 사람은 하나님에 대해 함부로 말하고 다녀요!
저 사람을 혼내줍시다!"

거짓말이 온 동네 사람들에게 알려졌고,
사람들은 스데반을 잡아왔어요.
두렵고 무서운 상황이었는데도
스데반의 얼굴은 천사와 같이 편안한 표정이었지요.
"지금 여러분의 모습은 성령님의 말을 듣지 않는 행동입니다.
예수님이 하나님의 오른편에 서 계십니다."
스데반은 성령이 충만하여 사람들에게 이야기를 했어요.

사람들은 스데반의 이야기를 듣기 싫어했어요.
그래서 화를 참지 못하고 스데반에게 돌을 던졌어요.
돌에 맞은 스데반은 피를 흘렸어요.
"예수님, 저를 받아주세요.
저 사람들에게 죄를 묻지 말아 주세요."
스데반은 돌을 맞는 순간에도
자신에게 돌을 던지는 사람들을 위해
기도하다가 그만 죽고 말았어요.
자신을 구원해 주신 예수님의 큰 사랑을 알았던 스데반은
기쁨으로 예수님을 위해 목숨을 바친 최초의 순교자가 되었답니다.

Stephen, the First Martyr of Joy

"Believe in Jesus!
Jesus is the Son of God!"
Stephen preached about Jesus every day.
Through Stephen, many people came to believe in Jesus.

One day,
people who did not believe in Jesus lied to get rid of Stephen.
"That man speaks blasphemy against God!
Let's punish him!"

The lie spread throughout the town,
and people captured Stephen.
Despite the scary and dangerous situation,
Stephen's face was as calm as an angel.
"You are acting like those who do not listen to the Holy Spirit.
Jesus is standing at the right hand of God."

Stephen, filled with the Holy Spirit, spoke to the people.
The people did not want to hear what Stephen was saying.
Unable to control their anger,
they threw stones at Stephen.
Stephen bled as he was hit by the stones.
"Jesus, receive my spirit.
Do not hold this sin against them."
Even as he was being stoned,
Stephen prayed for those throwing stones at him until he died.
Stephen, who knew the great love of Jesus who saved him,
became the first martyr who joyfully gave his life for Jesus.

기쁨 태도 연습

기쁨의 '5-2-5 법칙'을 기억해요.

나는 화가 나거나 짜증날 때 어떻게 하나요?
부정적인 마음을 조절하지 못하면
나쁜 말과 행동으로 드러나게 됩니다.
'5-2-5 법칙'으로 감정을 조절해 보세요.
먼저 숨을 크게 5번 들이마시고
숫자 1, 2를 세며 숨을 참아 보세요.
그리고 5번 숨을 천천히 내쉬는 것이지요.
화가 날 때 '5-2-5 법칙'을 실천하면
감정을 조절하여 나쁜 말과 나쁜 행동을
하지 않도록 도와준답니다.

기쁨

야곱의 기쁨

창세기 28:10-22

10 야곱이 브엘세바를 떠나서, 하란으로 가다가,

11 어떤 곳에 이르렀을 때에, 해가 저물었으므로, 거기에서 하룻밤을 지내게 되었다. 그는 돌 하나를 주워서 베개로 삼고, 거기에 누워서 자다가,

12 꿈을 꾸었다. 그가 보니, 땅에 층계가 있고, 그 꼭대기가 하늘에 닿아 있고, 하나님의 천사들이 그 층계를 오르락내리락 하고 있었다.

13 주님께서 그 층계 위에 서서 말씀하셨다. "나는 주, 너의 할아버지 아브라함을 보살펴 준 하나님이요, 너의 아버지 이삭을 보살펴 준 하나님이다. 네가 지금 누워 있는 이 땅을, 내가 너와 너의 자손에게 주겠다.

14 너의 자손이 땅의 티끌처럼 많아질 것이며, 동서남북 사방으로 퍼질 것이다. 이 땅 위의 모든 백성이 너와 너의 자손 덕에 복을 받게 될 것이다.

15 내가 너와 함께 있어서, 네가 어디로 가든지 너를 지켜 주며, 내가 너를 다시 이 땅으로 데려 오겠다. 내가 너에게 약속한 것을 다 이루기까지, 내가 너를 떠나지 않겠다."

16 야곱은 잠에서 깨어서, 혼자 생각하였다. '주님께서 분명히 이 곳에 계시는데도, 내가 미처 그것을 몰랐구나.'

17 그는 두려워하면서 중얼거렸다. "이 얼마나 두려운 곳인가! 이 곳은 다름아닌 하나님의 집이다. 여기가 바로 하늘로 들어가는 문이다."

18 야곱은 다음날 아침 일찍이 일어나서, 베개 삼아 벤 그 돌을 가져다가 기둥으로 세우고, 그 위에 기름을 붓고,

19 그 곳 이름을 베델이라고 하였다. 그 성의 본래 이름은 루스였다.

20 야곱은 이렇게 서원하였다. "하나님께서 저와 함께 계시고, 제가 가는 이 길에서 저를 지켜 주시고, 먹을 것과 입을 것을 주시고,

21 제가 안전하게 저의 아버지 집으로 돌아가게 해 주시면, 주님이 저의 하나님이 되실 것이며,

22 제가 기둥으로 세운 이 돌이 하나님의 집이 될 것이며, 하나님께서 저에게 주신 모든 것에서 열의 하나를 하나님께 드리겠습니다."

야곱의 기쁨

야곱은 형을 속여서 형이 아버지에게 받아야 할
축복을 자신이 모두 받았어요.
이 사실을 알게 된 형 에서는 몹시 화가 나서
야곱을 죽이려고 했어요.
"야곱아, 어서 도망가!
형의 화가 풀릴 때까지 도망가 있어!"
엄마 리브가는 야곱을 지키기 위해
삼촌 라반 집으로 도망가게 도와주었어요.

야곱은 삼촌 라반의 집을 향해 쉬지 않고 걸었어요.
밤이 되자 피곤해진 야곱은 돌을 베고 스르르 잠이 들었지요.
그날 밤, 야곱은 꿈을 꾸었어요.
땅에서부터 하늘 높이까지 닿은 사다리에
하나님의 천사들이 오르락내리락 하고 있었어요.

그때 하나님의 목소리가 들렸어요.
"야곱아, 나는 너의 할아버지 아브라함과 아버지 이삭의 하나님이야.
네가 누워있는 땅을 너에게 주고 많은 아들과 딸도 줄 거야.
내가 너를 항상 지켜줄게.
지금은 도망 다니지만 다시 돌아오게 할 거야.
이 약속이 지켜질 때까지 나는 너를 떠나지 않을 거란다."
"하나님! 하나님이 저와 함께하신다는 걸 잊고 두려워했습니다.
나를 지켜주시는 하나님! 나의 하나님이십니다!"
잠에서 깬 야곱은 하나님께 예배를 드렸어요.

자신이 베고 잔 돌을 세워 기름을 붓고
그 곳의 이름을 하나님의 집이라는 뜻의 '벧엘'이라고 지었지요.
이 일로 야곱은 하나님의 약속을 믿으며
어려운 상황에서도 기쁨으로 모든 것을 이겨냈답니다.

Jacob's Joy

Jacob deceived his brother and received all the blessings that
should have been given to his brother from their father.
When his brother Esau found out,
he was furious and wanted to kill Jacob.
"Jacob, run away quickly!
Stay away until your brother's anger subsides!"
Mother Rebekah helped
Jacob escape to Uncle Laban's house.

Jacob walked continuously towards Uncle Laban's house.
At night, tired Jacob laid his head on a stone and fell asleep.
That night, Jacob had a dream.
He saw a ladder reaching from the ground to the sky
with angels going up and down.

Then he heard God's voice.
"Jacob, I am the God of your grandfather Abraham and your father Isaac.
I will give you and your descendants the land on which you are lying.
I will always be with you and will bring you back to this land.
I will not leave you until I have done what I promised you."
"God! I forgot that You are with me and was afraid.
God who protects me! You are my God!"

Jacob woke up and worshiped God.
He set up the stone he had used as a pillow, poured oil on it,
and named the place Bethel, which means 'house of God.'
From that day,
Jacob trusted in God's promise and overcame all difficulties with joy.

기쁨 태도 연습

나와 함께하시는 하나님을 기뻐해요.

야곱은 두려움 속에서 자신과 함께하시는
하나님을 깨닫고 기뻐할 수 있었어요.
나에게 어려운 일이 생길 때, 가장 크신 하나님께서
나와 함께 하신다는 것을 기억하세요.
그러면 어려운 일을 기쁨으로 이겨내는
큰 힘이 솟아날 거예요.

기쁨

아브라함과 사라의 기쁨

창세기 18:3-15, 21:1-7

3 아브라함이 말하였다. "손님들께서 저를 좋게 보시면, 이 종의 곁을 그냥 지나가지 마시기 바랍니다.

4 물을 좀 가져 오라고 하셔서, 발을 씻으시고, 이 나무 아래에서 쉬시기 바랍니다.

5 손님들께서 잡수실 것을, 제가 조금 가져 오겠습니다. 이렇게 이 종에게로 오셨으니, 좀 잡수시고, 기분이 상쾌해진 다음에 길을 떠나시기 바랍니다." 그들이 대답하였다. "좋습니다. 정 그렇게 하라고 하시면, 사양하지 않겠습니다."

6 아브라함이 장막 안으로 뛰어 들어가서, 사라에게 말하였다. "빨리 고운 밀가루 세 스아를 가지고 와서, 반죽을 하여 빵을 좀 구우시오."

7 아브라함이 집짐승 떼가 있는 데로 달려가서, 기름진 좋은 송아지 한 마리를 끌어다가, 하인에게 주니, 하인이 재빨리 그것을 잡아서 요리하였다.

8 아브라함이 엉긴 젖과 우유와 하인이 만든 송아지 요리를 나그네들 앞에 차려 놓았다. 그들이 나무 아래에서 먹는 동안에, 아브라함은 서서, 시중을 들었다.

9 그들이 아브라함에게 물었다. "댁의 부인 사라는 어디에 있습니까?" 아브라함이 대답하였다. "장막 안에 있습니다."

10 그 때에 주님께서 말씀하셨다. "다음 해 이맘때에, 내가 반드시 너를 다시 찾아오겠다. 그 때에 너의 아내 사라에게 아들이 있을 것이다." 사라는, 아브라함이 등지고 서 있는 장막 어귀에서 이 말을 들었다.

11 아브라함과 사라는 이미 나이가 많은 노인들이고, 사라는 월경마저 그쳐서, 아이를 낳을 나이가 지난 사람이다.

12 그러므로 사라는 "나는 기력이 다 쇠진하였고, 나의 남편도 늙었는데, 어찌 나에게 그런 즐거운 일이 있으랴!" 하고, 속으로 웃으면서 중얼거렸다.

13 그 때에 주님께서 아브라함에게 말씀하셨다. "어찌하여 사라가 웃으면서 '이 늙은 나이에 내가 어찌 아들을 낳으랴?' 하느냐?

14 나 주가 할 수 없는 일이 있느냐? 다음 해 이맘때에, 내가 다시 너를 찾아오겠다. 그 때에 사라에게 아들이 있을 것이다."

15 사라는 두려워서 거짓말을 하였다. "저는 웃지 않았습니다." 그러나 주님께서 말씀하셨다. "아니다. 너는 웃었다."

♥

1 주님께서는 말씀하신 대로 사라를 돌보셨다. 사라에게 약속하신 것을 주님께서 그대로 이루시니,

2 사라가 임신하였고, 하나님이 아브라함에게 약속하신 바로 그 때가 되니, 사라와 늙은 아브라함 사이에서 아들이 태어났다.

3 아브라함은 사라가 낳아 준 아들에게 이삭이라는 이름을 지어 주었다.

4 이삭이 태어난 지 여드레 만에, 아브라함은, 하나님이 분부하신 대로, 그 아기에게 할례를 베풀었다.

5 아브라함이 아들 이삭을 보았을 때에, 그의 나이는 백 살이었다.

6 사라가 혼자서 말하였다. "하나님이 나에게 웃음을 주셨구나. 나와 같은 늙은이가 아들을 낳았다고 하면, 듣는 사람마다 나처럼 웃지 않을 수 없겠지."

7 그는 말을 계속하였다. "사라가 자식들에게 젖을 물리게 될 것이라고, 누가 아브라함에게 말할 엄두를 내었으랴? 그러나 내가 지금, 늙은 아브라함에게 아들을 낳아 주지 않았는가!"

아브라함과 사라의 기쁨

"아브라함아,
반짝이는 하늘의 별처럼,
동글동글 수많은 모래알처럼
너에게 많은 아들과 딸을 줄 거야."
하나님이 아브라함에게 약속하셨어요.

그러나 아브라함이 할아버지가 될 때까지도
아들과 딸이 없었지요.
아브라함이 99세가 되었어요.

하루는 뜨거운 햇볕 아래에서
세 명의 사람들을 만났어요.
아브라함은 그 사람들에게 좋은 음식을 대접했어요.
한 남자가 말했어요.
"내년에 다시 찾아오겠습니다.
그땐 당신의 아내 사라에게 아들이 있을 거예요."

일 년 후
아브라함과 사라에게 정말 아들이 생겼을까요?
하나님께서는 100세 할아버지가 된
아브라함에게 아들을 주셨어요.
약속을 지키셨지요.

아브라함과 사라는 아들을 볼 때마다
약속을 지키신 하나님을 생각하며
기뻐했답니다.

The Joy of Abraham and Sarah

"Abraham,
I will give you many sons and daughters
like the stars in the sky and
the sand on the seashore."
God promised Abraham.

But even until Abraham was old,
he did not have any children.
When Abraham was 99 years old.

One day
he met three men under the hot sun.
Abraham treated them to a good meal.
One man said,
"I will return to you next year,
and your wife Sarah will have a son."

Did Abraham and Sarah
really have a son the following year?
God gave a son to Abraham when
he was 100 years old.

God kept His promise.
Abraham and Sarah rejoiced,
thinking of God's promise
every time they saw their son.

기쁨 태도 연습

아브라함과 사라의 기쁨

하나님의 약속을 믿으며
기쁨으로 기다린 아브라함과 사라에게
하나님께서는 약속을 이루어 주셨어요.
하나님의 약속은 바로 하나님의 말씀입니다.
하나님의 말씀을 듣고, 기쁘게 말씀을 따르는 사람에게
아브라함과 사라처럼 하나님의 놀라운 선물이
주어질 것이랍니다.

기쁨이란

'어려운 상황이나 형편 속에서도 불평하지 않고 즐거운 마음을 유지하는 태도'

(좋은나무성품학교 정의)입니다.

진정한 기쁨은 내가 얼마나 귀한지 아는 자존감에서부터 비롯됩니다.
부모님을 비롯해 주변 어른들의 사랑한다는 말 한마디가
자녀들에게는 자존감이 되어 나타나지요.
수용적이고 조건 없는 사랑을 많이 받아본 아이가
자존감 높은 아이가 되어 세상을 자신감 있게 살아가는 힘을 소유하게 됩니다.
그런 아이들이 어려운 상황이나 형편 속에서도
기쁨을 소유한 사람으로 성장하게 된답니다.

"네가 내 눈에 보배롭고 존귀하며 내가 너를 사랑하였은즉"

(이사야 43장 4절)

세상을 지으신 하나님께서 우리를 그 분의 모습과 같이 만드시고
있는 그대로의 모습을 무척이나 기뻐하신다는 사실을 자녀에게 가르쳐주세요.
이 아름다운 세상을 통해 하나님의 크신 사랑을 느끼고,
나는 세상에서 가장 소중한 하나님의 자녀라는 사실을
깨달을 수 있도록 도와주시기 바랍니다.

다음 세대가 기쁨의 리더로 세워질 것을 소망하면서
기쁨의 성품으로 떠나는 여정을 시작해 보세요.
기쁨의 성품을 갖춘 사람은 어려운 환경이나 갈등 상황에서도 올바른 태도로
더 좋은 가치를 선택할 수 있는 내면의 힘을 갖춘 리더가 될 것입니다.

재미있는 성경이야기로 배우는 하나님의 사랑

CHARACTER BIBLE

성품바이블

배려

나와 다른 사람 그리고 환경에 대하여
사랑과 관심을 갖고 잘 관찰하여 보살펴 주는 것

Giving love and attention to the world around me.

좋은나무성품학교 정의

배려

진짜 좋은 친구

누가복음 10:30~37

30 예수께서 대답하셨다. "어떤 사람이 예루살렘에서 여리
고로 내려가다가 강도들을 만났다. 강도들이 그 옷을 벗기
고 때려서, 거의 죽게 된 채로 내버려두고 갔다.

31 마침 어떤 제사장이 그 길로 내려가다가 그 사람을 보고
피하여 지나갔다.

32 이와 같이, 레위 사람도 그 곳에 이르러 그 사람을 보고,
피하여 지나갔다.

33 그러나 어떤 사마리아 사람은 길을 가다가, 그 사람이
있는 곳에 이르러, 그를 보고 측은한 마음이 들어서,

34 가까이 가서, 그 상처에 올리브 기름과 포도주를 붓고 싸
맨 다음에, 자기 짐승에 태워서, 여관으로 데리고 가서 돌보
아주었다.

35 다음 날, 그는 두 데나리온을 꺼내어서, 여관 주인에게
주고, 말하기를 '이 사람을 돌보아주십시오. 비용이 더 들면,
내가 돌아오는 길에 갚겠습니다' 하였다.

36 너는 이 세 사람 가운데서 누가 강도 만난 사람에게 이
웃이 되어 주었다고 생각하느냐?"

37 그가 대답하였다. "자비를 베푼 사람입니다." 예수께서
그에게 말씀하셨다. "가서, 너도 이와 같이 하여라."

진짜 좋은 친구

"꼼짝 마!"
어떤 강도가 갑자기 나타나 한 남자를 몽둥이로 때렸어요.
강도는 남자의 돈과 옷을 가지고 도망쳤어요.
남자는 너무 아파서 꼼짝도 못하고 쓰러져 있었어요.

그때 어디선가 '다그닥 다그닥' 말발굽 소리가 들려왔어요.
바로 제사장이 말을 타고 지나가는 소리였어요.
'드디어 살 수 있겠어!
제사장님은 성경 말씀을 알려주는 좋은 분이니까 분명히 날 살려주실 거야.'

하지만 제사장은
"어이쿠! 예배 시간에 늦겠는데? 서둘러 가야겠어!"하며
허겁지겁 가버렸어요.
이번에는 '터벅터벅' 발소리가 들려왔어요.
바로 레위 사람이 걸어오는 소리였지요.
하지만 레위 사람도 남자를 못 본 체하고는 '쌩'하고 지나갔어요.

반짝반짝 별들과 동글동글 달이 떠오르는 밤이 되었어요.
남자는 꼬르륵 배가 고프고, 부들부들 몸이 추워지기 시작했어요.
그때 마침 '히이잉' 나귀가 우는 소리가 들려왔지요.
바로 사마리아 사람이었어요.
"어쩌다가 이렇게 많이 다치셨어요?
제가 도와드릴 테니 걱정하지 마세요."
"도와주셔서 정말 감사합니다."
사마리아 사람은 남자의 아픈 곳을 치료해 주고,
따끈따끈한 밥을 먹고 포근히 잠을 잘 수 있는 곳으로 데려갔어요.

배려는 사마리아 사람처럼 도움이 필요한 곳에
사랑과 관심을 갖고 도와주는 것이랍니다.

A Really Good Friend

"Freeze!"
A robber suddenly appeared and attacked a man.
The robber stole the man's money and clothes, then ran away.
The man was badly hurt and couldn't move.

Just then, '*clippity-clop*' the sound of a horse was heard.
It was a priest riding by on his horse.
"Oh good! He teaches God's Word. He will help me for sure!"

But the priest said,
"Oh no! I'll be late for worship!" And hurried away.
Then came '*step, step*'—
footsteps from someone walking.
It was a Levite.
But he also pretended not to see the man and walked right by.

Night came. Stars twinkled and the moon glowed in the sky.
The man's tummy rumbled,
and he began to shiver in the cold.
Just then, '*hee-haw!*' A donkey cried out.
A Samaritan was coming!
"Oh no! You're hurt! Don't worry. I'll help you,"
said the Samaritan.
"Thank you so much for helping me."

The Samaritan treated the man's wounds,
gave him warm food, and took him to a cozy place to rest.
Caring is paying attention to others' needs and helping them—
just like the kind Samaritan did.

배려 태도 연습

도움이 필요한 곳에 관심을 가져요.

강도를 만난 사람은 다른 사람의 도움이 필요했어요.
오직 사마리아 사람만이
배려의 성품으로 관심을 갖고 그에게 다가가
필요한 것을 채워 주었지요.
배려는 사랑과 관심에서부터 시작됩니다.
내 주변에 도움이 필요한 곳이 있다면
관심을 가지고 잘 살펴보는 연습을 해보세요.

배려

배려하는 아브라함

창세기 13:1-18

1 아브람은 이집트를 떠나서, 네겝으로 올라갔다. 그는 아내를 데리고서, 모든 소유를 가지고 이집트를 떠났다. 조카 롯도 그와 함께 갔다.

2 아브람은 집짐승과 은과 금이 많은 큰 부자가 되었다.

3 그는 네겝에서는 얼마 살지 않고 그 곳을 떠나, 이곳저곳으로 떠돌아 다니다가, 베델 부근에 이르렀다. 그곳은 베델과 아이 사이에 있는, 예전에 장막을 치고 살던 곳이다.

4 그 곳은 그가 처음으로 제단을 쌓은 곳이다. 거기에서 아브람은 주님의 이름을 부르며, 예배를 드렸다.

5 아브람과 함께 다니는 롯에게도, 양 떼와 소 떼와 장막이 따로 있었다.

6 그러나 그 땅은 그들이 함께 머물기에는 좁았다. 그들은 재산이 너무 많아서, 그 땅에서 함께 머물 수가 없었다.

7 아브람의 집짐승을 치는 목자들과 롯의 집짐승을 치는 목자들 사이에, 다툼이 일어나곤 하였다. 그 때에 그 땅에는, 가나안 사람들과 브리스 사람들도 살고 있었다.

8 아브람이 롯에게 말하였다. "너와 나 사이에, 그리고 너의 목자들과 나의 목자들 사이에, 어떠한 다툼도 있어서는 안 된다. 우리는 한 핏줄이 아니냐!

9 네가 보는 앞에 땅이 얼마든지 있으니, 따로 떨어져 살자. 네가 왼쪽으로 가면 나는 오른쪽으로 가고, 네가 오른쪽으로 가면 나는 왼쪽으로 가겠다."

10 롯이 멀리 바라보니, 요단 온 들판이, 소알에 이르기까지, 물이 넉넉한 것이 마치 주님의 동산과도 같고, 이집트 땅과도 같았다. 아직 주님께서 소돔과 고모라를 멸망시키시기 전이었다.

11 롯은 요단의 온 들판을 가지기로 하고, 동쪽으로 떠났다. 이렇게 해서 두 사람은 따로 떨어져서 살게 되었다.

12 아브람은 가나안 땅에서 살고, 롯은 평지의 여러 성읍을 돌아다니면서 살다가, 소돔 가까이에 이르러서 자리를 잡았다.

13 소돔 사람들은 악하였으며, 주님을 거슬러서, 온갖 죄를 짓고 있었다.

14 롯이 아브람을 떠나간 뒤에, 주님께서 아브람에게 말씀하셨다. "너 있는 곳에서 눈을 크게 뜨고, 북쪽과 남쪽, 동쪽과 서쪽을 보아라.

15 네 눈에 보이는 이 모든 땅을, 내가 너와 네 자손에게 아주 주겠다.

16 내가 너의 자손을 땅의 먼지처럼 셀 수 없이 많아지게 하겠다. 누구든지 땅의 먼지를 셀 수 있는 사람이 있다면, 너의 자손을 셀 수 있을 것이다.

17 내가 이 땅을 너에게 주니, 너는 가서, 길이로도 걸어 보고, 너비로도 걸어 보아라."

18 아브람은 장막을 거두어서, 헤브론의 마므레, 곧 상수리나무들이 있는 곳으로 가서, 거기에서 살았다. 거기에서도 그는 주님께 제단을 쌓아서 바쳤다.

배려하는 아브라함

“매애애애애”, “음매-음매-”
양 떼와 소 떼의 소리가 들리네요.
어디서 들려오는 소리일까요?
바로 하나님의 축복을 받아 숫자가 많아진
아브람과 롯의 몽실몽실 양 떼와 소 떼의 울음 소리였어요.

“롯, 이제 우리가 같이 다니기에는 가축이 너무 많구나.
가축에게 시원한 물과 푸른 풀을 먹이기에 땅이 좁지 않니?”
“삼촌, 그럼 어떻게 하면 좋을까요?”
“이제 서로 다른 길로 가야겠구나.
네가 먼저 좋은 땅을 선택하렴.
네가 오른쪽을 선택하면 난 왼쪽을,
네가 왼쪽을 택하면 내가 오른쪽을 선택할게.”

롯은 좋은 땅이 어디인지 두리번 두리번 살펴보았어요.
‘어디 보자. 어느 땅을 선택하면 더 좋은 땅을 가질 수 있을까?’
“삼촌, 전 가축에게 먹일 푸른 풀과 맛있는 열매,
시원한 물이 많은 동쪽을 선택할게요!”
“알겠구나. 그럼 나는 반대편으로 이동하마.”

아브람은 롯보다 먼저 좋은 곳을 선택할 수 있었어요.
하지만 자신의 필요를 채우시는 하나님을 믿고,
넉넉한 마음으로 롯이 먼저 선택할 수 있도록 배려해 주었지요.
롯에게 좋은 땅을 양보한 아브람에게 하나님께서 큰 축복을 주셨어요.

‘아브라함’이라는 새 이름을 주시며
복의 근원으로 삼아 주시고
오늘날까지 믿음의 조상으로,
존경받는 지도자로 세워주셨답니다.

Caring Abraham

"Baa, baa.", "Moo, Moo."
The sound of sheep and cows can be heard.
Where is the sound coming from?
It's the sound of Abram and Lot's sheep and cows because
Abram and Lot are blessed by God.

Abram said, "Lot, we have too many animals and people with us.
We need more space."
Lot said, "Uncle, what should we do then?"
Abram said, "Lot, Let's not argue.
If you go one way, I will go the other way.
You choose first. If you go left, I will go right.
If you go right, I will go left."

Lot saw that one side had lots of green grass and water.
He thought it was the best place,
so he said, "Uncle, I will choose the nice green lands with lots of water!"
Abram said, "Okay, I will go the other way."

Abram could have picked the best land first.
But he believed that God would give him everything he needed.
So Abram kindly let Lot choose first.
Abram let him have it because he trusted God.
Abram went to the other land,
and God blessed him with many wonderful things.

God gave a new name 'Abraham' to him.
God made Abraham the father of many nations and blessed him
because he cared for Lot and trusted God.

배려 태도 연습

나를 돌보시는 하나님을 믿어요.

하나님께서는 우리를 배려하세요.
나의 필요를 모두 아시고 채워주시지요.
아브라함은 이러한 하나님을 믿었기 때문에
넉넉한 마음으로 롯에게 선택권을 양보할 수 있었어요.
나를 돌보시는 하나님을 믿고, 다른 사람에게 양보하는
배려의 어린이가 되기로 약속해요.

배려

예수님의 첫 번째 기적

요한복음 2:1-11

1 사흘째 되는 날에 갈릴리 가나에 혼인 잔치가 있
었다. 예수의 어머니가 거기에 계셨고,

2 예수와 그의 제자들도 그 잔치에 초대를 받았다.

3 그런데 포도주가 떨어지니, 예수의 어머니가 예수
에게 말하기를 "포도주가 떨어졌다" 하였다.

4 예수께서 어머니에게 말씀하셨다. "여자여, 그것
이 나와 당신에게 무슨 상관이 있습니까? 아직도
내 때가 오지 않았습니다."

5 그 어머니가 일꾼들에게 이르기를 "무엇이든지, 그
가 시키는 대로 하세요" 하였다.

6 그런데 유대 사람의 정결 예법을 따라, 거기에는
돌로 만든 물항아리 여섯이 놓여 있었는데, 그것은
물 두세 동이들이 항아리였다.

7 예수께서 일꾼들에게 말씀하셨다. "이 항아리에
물을 채워라." 그래서 그들은 항아리마다 물을 가득
채웠다.

8 예수께서 그들에게 말씀하시기를 "이제는 떠서,
잔치를 맡은 이에게 가져다 주어라" 하시니, 그들이
그대로 하였다.

9 잔치를 맡은 이는, 포도주로 변한 물을 맛보고, 그
것이 어디에서 났는지 알지 못하였으나, 물을 떠온
일꾼들은 알았다. 그래서 잔치를 맡은 이는 신랑을
불러서

10 그에게 말하기를 "누구든지 먼저 좋은 포도주를
내놓고, 손님들이 취한 뒤에 덜 좋은 것을 내놓는데,
그대는 이렇게 좋은 포도주를 지금까지 남겨 두었구
려!" 하였다.

11 예수께서 이 첫 번 표징을 갈릴리 가나에서 행하
여 자기의 영광을 드러내시니, 그의 제자들이 그를
믿게 되었다.

예수님의 첫 번째 기적

예수님의 어머니인 마리아와 예수님 그리고 제자들이
혼인 잔치에 초대를 받았어요.
잔칫집에는 신랑과 신부를 축하해 주러 온 사람들로 북적북적했지요.

룰루랄라 즐겁게 노래를 부르며 기쁜 잔치를 벌이고 있는데
그만 잔치의 포도주가 다 떨어지고 말았어요.
혼인 잔치의 주인공은 포도주가 없어 발을 동동 구르며 걱정했어요.

이것을 잘 관찰한 마리아가 예수님께 말했어요.
"예수야, 잔칫집에 포도주가 벌써 다 떨어졌구나.
이를 어쩌면 좋니?"
"어머니, 아직 제가 일을 할 때가 아닙니다."
예수님께서는 아직 사람들 앞에서
자신의 모습을 나타내고 싶어하지 않으셨어요.
하지만 어머니의 마음과 혼인 잔치의 주인공을
배려해야겠다고 생각했지요.

예수님은 하인들에게 말씀하셨어요.
"항아리에 물을 가득 채우고 혼인 잔치의 주인공에게 가져다주십시오."
하인들은 항아리에 물을 콸콸콸 부었어요.
항아리에 물이 찰랑찰랑 가득 찼지요.
"포도주 맛이 아주 훌륭하군요!
처음 먹었던 포도주보다 더 달콤하고 맛있어요."
놀랍게도 항아리에 찬 물은 포도주로 변해 있었어요.
사람들은 포도주 맛이 좋다며 칭찬했지요.
예수님의 배려로 혼인 잔치에 초대받은 모든 사람이
기뻐하는 잔치가 될 수 있었답니다.

Jesus' First Miracle

Jesus' mother, Mary, Jesus, and his disciples
were invited to a wedding.
At the party,
the bride and groom were celebrated by their friends and family,
and everyone was having fun.

Everyone was singing and having fun at the happy wedding party.
But oh no! The wine was all gone!
The bridegroom didn't know what to do and felt very worried.

Mary, who carefully observed this, told Jesus.
"Jesus, they have no more wine.
What should they do?"
"Mother, it is not yet time for me to do miracles."
Jesus didn't want to show who He was just yet.
But He wanted to care for His mother
and help the bridegroom, too.

Jesus said to the servants,
"Fill the jars and give some to the party host."
The servants poured the water into the jars—swish, swish, swish!
Soon, the jars were full to the top with splish-splashing water.
"This wine is the best wine!
It's even better than the wine we had before!"
Amazingly, the water in the jars had turned into wine!
The people took a sip and said it tasted really good.
Because of Jesus' care, the wedding was a great party and
everyone had a great time.

배려 태도 연습

예수님처럼 잘 관찰하여 도와줘요.

관찰력이 뛰어난 사람은 다른 사람의 필요를 알고,
알맞은 방법으로 도와줄 수 있어요.
호기심을 가지고 주변을 관찰하는 연습을 해 보세요.
한 번, 두 번 관찰하는 연습이 점점 쌓여
다른 사람을 바르게 도와주는 배려의 마음이 자라날 거예요.

배려

작은 도시락의 기적

마가복음 6:35-44

35 날이 이미 저물었으므로, 제자들이 예수께 다가와서 말하였다. "여기는 빈 들이고 날도 이미 저물었습니다.

36 이 사람들을 헤쳐, 제각기 먹을 것을 사 먹게 근방에 있는 농가나 마을로 보내시는 것이 좋겠습니다."

37 예수께서 그들에게 말씀하셨다. "너희가 그들에게 먹을 것을 주어라." 제자들이 그에게 말하였다. "그러면 우리가 가서 빵 이백 데나리온 어치를 사다가 그들에게 먹이라는 말씀입니까?"

38 예수께서 그들에게 말씀하셨다. "너희에게 빵이 얼마나 있느냐? 가서, 알아보아라." 그들이 알아보고 말하였다. "빵 다섯 개와 물고기 두 마리가 있습니다."

39 예수께서는 제자들에게 명하여, 모두들 떼를 지어 푸른 풀밭에 앉게 하셨다.

40 그들은 백 명씩 또는 쉰 명씩 떼를 지어 앉았다.

41 예수께서 빵 다섯 개와 물고기 두 마리를 들어서, 하늘을 쳐다보고 축복하신 다음에, 빵을 떼어서 제자들에게 주시고 사람들에게 나누어 주게 하셨다. 그리고 그 물고기 두 마리도 모든 사람에게 나누어 주셨다.

42 그들은 모두 배불리 먹었다.

43 빵 부스러기와 물고기 남은 것을 주워 모으니, 열두 광주리에 가득 찼다.

44 빵을 먹은 사람은 남자 어른만도 오천 명이었다.

작은 도시락의 기적

'꼬르르르르르륵'
예수님의 말씀을 열심히 듣던 사람들은
어둑어둑한 밤이 되자 배가 고팠어요.
예수님께서 제자들에게 말씀하셨어요.
"사람들이 가지고 있는 음식이 있는지 살펴보렴."

그때 한 아이가 자신의 도시락을 보여주며 말했어요.
"저에게 도시락이 있어요!"
아이의 도시락에는
둥글둥글한 떡이 한 개, 두 개, 세 개, 네 개, 다섯 개!
물고기는 한 마리, 두 마리!
모두 떡 다섯 개와 물고기 두 마리가 들어있었어요.

아이가 말했어요.
"엄마가 싸주신 도시락인데 함께 나눠 먹고 싶어요!"
아이도 꼬르륵 배가 고파 도시락이 먹고 싶었을 테지만
다른 사람들을 위해 자신의 도시락을 예수님께 드렸어요.
예수님은 어린 아이의 도시락을 손에 들고 기도하셨어요.

어머나! 놀라운 일이 일어났어요.
겨우 떡 다섯 개, 물고기 두 마리로
그곳에 모인 모든 사람이 배불리 먹고도 남았어요.
먹고 남은 것을 바구니에 모두 모아보니
하나, 둘, 셋, 넷, 다섯, 여섯, 일곱, 여덟, 아홉, 열, 열하나, 열둘!
열 두 바구니나 되었지요.

다른 사람을 위해 자신의 것을 나누어준 한 아이의 배려로
오천 명이 넘는 사람을 배불리 먹이는 놀라운 기적이 일어났답니다.

The Miracle of Small Lunchbox

Grooooowl… Grooooowl…Groooooooowl…
People who listened carefully to Jesus' words
got hungry as the night grew dark.
Jesus asked his disciples.
"Look around if anyone has food."

A young boy showed his lunchbox and said,
"I have food!"
In the boy's lunch,
there were round little loaves—one, two, three, four, five!
And there were fish, too—one, two!
There were five loaves of bread and two fish in all.

A young boy said,
"My mom packed this lunch for me,
and I want to share it with everyone!"
The boy's tummy might have been rumbling,
but he shared his lunch with Jesus so others could eat.
Jesus took the boy's lunch and prayed.

Wow! Something amazing happened!
With just five loaves and two fish,
everyone ate until they were full—and there were leftovers, too!
They gathered all the leftovers into baskets—
one, two, three, four, five, six, seven, eight, nine, ten, eleven, twelve!
Twelve baskets full!

Because one boy shared his lunch,
more than five thousand people ate and were full.
What an amazing miracle!

배려 태도 연습

다른 사람을 위해 내 것을 나눠줘요.

한 아이는 자신도 배가 고팠지만 다른 사람들을 위해
자신의 도시락을 예수님께 드렸어요.
배려는 다른 사람이 행복할 수 있도록
잘 관찰하여 도와주는 것이에요.
나의 배려를 받는 사람들이 행복해 할 것을 생각하며
내 것을 기쁘게 나눠 주는
배려의 어린이가 되기로 결심해 보세요.

배려

다윗의 배려

사무엘하 9:1-13

1 하루는 다윗이 물었다. "사울의 집안에 살아 남은 사람이 있느냐? 요나단을 보아서라도, 남아 있는 자손이 있으면, 잘 보살펴 주고 싶구나."

2 마침 사울의 집안에서 종노릇 하는 시바라는 사람이 있어서, 사람들이 그를 불러 다윗에게로 데리고 왔다. 왕이 그에게 "네가 시바냐?" 하고 물으니 "그러합니다" 하고 그가 대답하였다.

3 왕이 물었다. "사울의 집안에 남은 사람이 없느냐? 있으면 내가 하나님의 은총을 그에게 베풀어 주고 싶다." 그러자 시바가 왕에게 대답하였다. "요나단의 아들이 하나 남아 있습니다. 두 다리를 접니다."

4 왕이 그에게 물었다. "그는 지금 어디에 있느냐?" 시바가 왕에게 대답하였다. "그는 지금 로드발에 있는 암미엘의 아들 마길의 집에서 삽니다."

5 다윗 왕이 사람을 보내어서, 로드발에 있는 암미엘의 아들 마길의 집에서 그를 데려왔다.

6 사울의 손자이며 요나단의 아들인 므비보셋은 다윗에게 와서 엎드려 절하였다. 다윗이 "네가 므비보셋이냐?" 하고 물었다. 그가 대답하였다. "예, 임금님의 종, 므비보셋입니다."

7 다윗이 그에게 말하였다. "겁낼 것 없다. 내가 너의 아버지 요나단을 생각해서 네게 은총을 베풀어 주고 싶다. 너의 할아버지 사울 임금께서 가지고 계시던 토지를 너에게 모두 돌려주겠다. 그리고 너는 언제나 나의 식탁에서 함께 먹도록 하여라."

8 므비보셋이 엎드려 아뢰었다. "이 종이 무엇이기에 죽은 개나 다름없는 저를 임금님께서 이렇게까지 돌보아 주십니까?"

9 다윗 왕은 사울의 종 시바를 불러서 일렀다. "사울과 그의 온 집안이 가졌던 모든 것을, 내가 이제 너의 상전의 손자인 므비보셋에게 주었다.

10 그러니 너는 너의 아들들과 종들과 함께 모두 그 땅을 갈고 거두어서, 너의 상전의 집안이 먹을 양식을 대도록 하여라. 그러나 너의 상전의 손자인 므비보셋은 언제나 나의 식탁에서 음식을 먹을 것이다." (시바에게는 아들 열다섯과 종 스무 명이 있었다.)

11 시바가 왕에게 대답하였다. "높으신 임금님께서 이 종에게 명령하신 그대로, 이 종이 모두 하겠습니다." 그리하여 므비보셋은 왕자들과 다름없이, 언제나 다윗 왕의 식탁에서 음식을 먹었다.

12 므비보셋에게는 미가라는 어린 아들이 하나 있었다. 시바의 집에 사는 사람들은 모두 므비보셋의 종이 되었다.

13 므비보셋은 언제나 왕의 식탁에서 먹었으며, 예루살렘에서만 살았다. 그는 두 다리를 다 절었다.

다윗의 배려

왕이 된 다윗은 어려울 때 자신을 도와주었던
요나단 왕자를 생각하게 되었어요.
도망자 시절의 다윗을 살려주고 보살펴 주었던
요나단 왕자에게 은혜를 갚고 싶었지요.

"여봐라, 사울의 가족 중 살아남은 사람이 있느냐?"
"네, 임금님! 요나단의 아들인 므비보셋이 살아있습니다.
그런데 그는 다리를 저는 사람입니다."
"그가 어디에 있느냐? 그를 어서 데리고 오너라!
요나단을 생각하여 그에게 친절을 베풀고 싶구나."

다윗 왕의 부름을 받고 성에 도착한 므비보셋은
다윗 왕 앞에 납작 엎드렸어요.
므비보셋은 무서운 마음에
땀이 주르륵 흐르고, 몸이 덜덜덜 떨렸어요.
심장도 두근두근 뛰었지요.
'내가 사울 왕의 손자라서 날 죽이면 어떡하지?'
"므비보셋아, 무서워하지 말거라.
나는 너의 아빠 요나단의 도움을 많이 받은 친구였단다.
요나단을 기억하며 너에게 특별한 것을 해 주고 싶구나.
먼저 너의 할아버지 사울이 가지고 있던 땅을 너에게 돌려주마.
그리고 항상 나의 식탁에서 함께 밥을 먹도록 내가 너를 보살펴 주겠다."
"임금님, 정말 감사합니다."

다윗이 므비보셋을 자기 아들처럼 돌볼 수 있었던 이유는
요나단에게 받은 배려를 기억했기 때문이에요.
자신이 받은 배려를 잊지 않고 다른 사람에게 배려를 베풀었지요.
므비보셋은 다윗의 식탁에서 왕자들과 함께
맛있는 식사를 하며 예루살렘 왕궁에서 살았답니다.

David's Caring Heart

King David thought about Prince Jonathan,
who had helped him when times were hard.
David wanted to be kind to Jonathan.

"Is anyone left from Saul's family?" asked David.
"Yes, my king," said a servant.
"Jonathan's son, Mephibosheth, is still alive. But he cannot walk well."
"Where is he? Bring him to me!
I want to show kindness because of Jonathan."

Mephibosheth came to the palace and bowed low.
He was very scared.
Sweat ran down his face, and he trembled.
His heart went 'thump-thump!'
'What if he hurts me because I'm Saul's grandson?'
and his body began to shake.
His heart went thump, thump, thump.
"Mephibosheth, don't be afraid," said King David.
"I was close friends with your father, Jonathan.
Because I remember his kindness, I want to do something special for you.
I will give you back the land that belonged to your grandfather Saul.
And from now on, you will eat at my table, just like my own son."
"Thank you so much, Your Majesty!"

David cared for Mephibosheth like his own child
because he remembered how Jonathan had cared for him.
He shared the same kindness he had once received.
Mephibosheth lived in Jerusalem and ate delicious meals
at the king's table with the princes.

배려 태도 연습

내가 받은 도움을 잘 기억해요.

다윗은 친구 요나단으로부터 받은 배려를 잊지 않았어요.
내가 다른 사람에게 받은 배려와
그때의 기분이 어땠는지 잘 떠올려 보세요.
그리고 그것을 내가 잘 기억한다면
다른 사람을 기쁘게 배려할 줄 아는
배려의 어린이가 될 수 있답니다.

리브가의 배려

창세기 24:10-27

10 그 종은 주인의 낙타 가운데서 열 마리를 풀어서, 주인이 준 온갖 좋은 선물을 낙타에 싣고 길을 떠나서, 아람나하라임을 거쳐서, 나홀이 사는 성에 이르렀다.

11 그는 낙타를 성 바깥에 있는 우물 곁에서 쉬게 하였다. 해가 뉘엿뉘엿 지고 있었다. 여인들이 물을 길으러 나오는 때였다.

12 그는 기도하였다. "주님, 나의 주인 아브라함을 보살펴 주신 하나님, 오늘 일이 잘 되게 하여 주십시오. 나의 주인 아브라함에게 은총을 베풀어 주십시오.

13 제가 여기 우물 곁에 서 있다가, 마을 사람의 딸들이 물을 길으러 나오면,

14 제가 그 가운데서 한 소녀에게 '물동이를 기울여서, 물을 한 모금 마실 수 있게 하여 달라' 하겠습니다. 그 때에 그 소녀가 '드십시오. 낙타들에게도 제가 물을 주겠습니다' 하고 말하면, 그가 바로 주님께서 주님의 종 이삭의 아내로 정하신 여인인 줄로 알겠습니다. 이것으로써 주님께서 저의 주인에게 은총을 베푸신 줄을 알겠습니다."

15 기도를 미처 마치기도 전에, 리브가가 물동이를 어깨에 메고 나왔다. 그의 아버지는 브두엘이고, 할머니는 밀가이다. 밀가는 아브라함의 동생 나홀의 아내로서, 아브라함에게는 제수뻘이 되는 사람이다.

16 그 소녀는 매우 아리땁고, 지금까지 어떤 남자도 가까이하지 아니한 처녀였다. 그 소녀가 우물로 내려가서, 물동이에 물을 채워 가지고 올라올 때에,

17 그 종이 달려나가서, 그 소녀를 마주 보고 말하였다. "이 물동이에 든 물을 좀 마시게 해주시오."

18 그렇게 하니, 리브가가 "할아버지, 드십시오" 하면서, 급히 물동이를 내려, 손에 받쳐들고서, 그 노인에게 마시게 하였다.

19 소녀는 이렇게 물을 마시게 하고 나서, "제가 물을 더 길어다가, 낙타들에게도, 실컷 마시게 하겠습니다" 하고 말하면서,

20 물동이에 남은 물을 곧 구유에 붓고, 다시 우물로 달려가서, 더 많은 물을 길어 왔다. 그 처녀는, 노인이 끌고 온 모든 낙타들에게 먹일 수 있을 만큼, 물을 넉넉히 길어다 주었다.

21 그렇게 하는 동안에 노인은, 이번 여행길에서 주님께서 모든 일을 과연 잘 되게 하여 주시는 것인지를 알려고, 그 소녀를 말없이 지켜보고 있었다.

22 낙타들이 물 마시기를 그치니, 노인은, 반 세겔 나가는 금 코걸이 하나와 십 세겔 나가는 금팔찌 두 개를 소녀에게 주면서

23 물었다. "아가씨는 뉘 댁 따님이시오? 아버지 집에, 우리가 하룻밤 묵어갈 수 있는 방이 있겠소?"

24 소녀가 노인에게 대답하였다. "저의 아버지는 함자가 브두엘이고, 할머니는 함자가 밀가이고, 할아버지는 함자가 나홀입니다."

25 소녀는 말을 계속하였다. "우리 집에는, 겨와 여물도 넉넉하고, 하룻밤 묵고 가실 수 있는 방도 있습니다."

26 일이 이쯤 되니, 아브라함의 종은 머리를 숙여서 주님께 경배하고

27 "나의 주인 아브라함을 보살펴 주신 하나님, 주님을 찬양합니다. 나의 주인에게 주님의 인자와 성실을 끊지 않으셨으며, 주님께서 저의 길을 잘 인도하여 주셔서, 나의 주인의 동생 집에 무사히 이르게 하셨습니다" 하고 찬양하였다.

리브가의 배려

"내 충성스러운 하인아,
내 아들 이삭의 신붓감을 구해다오."
하인은 낙타 등에 좋은 선물들을 싣고
이삭의 신부가 될 사람을 찾아 길을 떠났어요.
낙타와 함께 다그닥 다그닥 먼 길을 걸어 온 하인은
드디어 아브라함의 고향에 도착했어요.

하인은 우물곁에서 낙타들을 쉬게 했어요.
이삭의 신부를 찾는 것이 걱정스러웠던 하인은 하나님께 기도했어요.
'하나님, 물을 길으러 나오는 여자에게 물을 달라고 말하겠습니다.
만약 그 여자가 저뿐 아니라 낙타들에게도 물을 먹이겠다고 한다면
그 여자를 이삭의 신붓감으로 알겠습니다.'
마침 어여쁜 여인이 물을 길으러 우물곁으로 왔어요.
"당신의 물동이에 든 물을 한 모금 마실 수 있을까요?"
"그럼요! 여기 마음껏 드세요.
낙타들도 마실 수 있도록 물을 길어다 줄게요."
여자는 물동이를 이고 우물을 왔다 갔다 하며
10마리의 낙타가 모두 물을 마실 수 있도록 물을 길어다 주었어요.

낙타 10마리에게 물을 다 먹이려면 700~1,000리터의 물이 필요하답니다.
여인은 마음도 친절했지만 몸도 튼튼했어요.
물동이가 무겁고, 여러 번 왔다 갔다 하기에 힘이 들 법도 했지만
자신을 배려하는 성품으로 평소에 운동도 열심히 하고,
밥도 잘 먹고 자기 몸을 튼튼하고 건강하게 만들었기에 가능한 일이었지요.
하나님께서 하인의 기도에 멋지게 응답해 주셔서
배려의 성품을 지닌 여인을 만나게 해 주신 것이었어요.
자신을 배려할 줄 알고, 말 못하는 낙타의 필요까지
잘 관찰한 이 여인의 이름이 바로 '리브가'랍니다.

Rebekah's Caring Heart

The loyal servant said,
"My master, Abraham, please help me find a bride for his son, Isaac."
The servant sent out with camels and precious gifts to find a wife for Isaac!

After a long journey with the camels,
the servant finally arrived in Abraham's hometown.
He let the camels rest beside a well.
He was worried about finding a wife for Isaac, so he prayed to God.
"Dear God, I will ask one of the girls for a drink of water. If she says,
'I will give water to your camels too,'
then I will know she is the one You have chosen for Isaac."
Soon, a beautiful woman came to draw water from the well.
"May I have a drink from your pitcher?" he asked.
"Of course! Please, have as much as you like.
I will also give water to your camels," she replied.
The woman carried the pitcher back and forth,
making sure all ten camels could drink their fill from the well.

To quench the thirst of ten camels,
it would require around 700 to 1000 liters of water.
She was kind-hearted and strong.
The water jar was heavy, and she had to go back and forth many times.
She could have been tired and out of breath, but she was strong and healthy!
She took care of her body by eating well and staying active.
And she had a kind heart that cared for others.
God had answered the servant's prayer so wonderfully!
He led him to a kind and thoughtful young woman.
She not only knew how to take care of herself
but also in observing the unspoken needs of the camels.
Her name was Rebekah.

배려 태도 연습

다른 사람을 배려하기 위해 나의 힘을 키워요.

배려는 나를 사랑하고 내 몸을 배려하는 것에서부터 시작합니다.
내 몸을 배려하는 방법은 밥을 잘 먹고,
운동을 열심히 하여 몸을 튼튼하게 유지하는 것이지요.
규칙적인 식사와 운동으로 하나님께서 창조하신
소중한 몸을 배려하고, 건강한 몸으로
다른 사람을 도와주는 힘을 키우는
배려의 성품리더가 되어보세요.

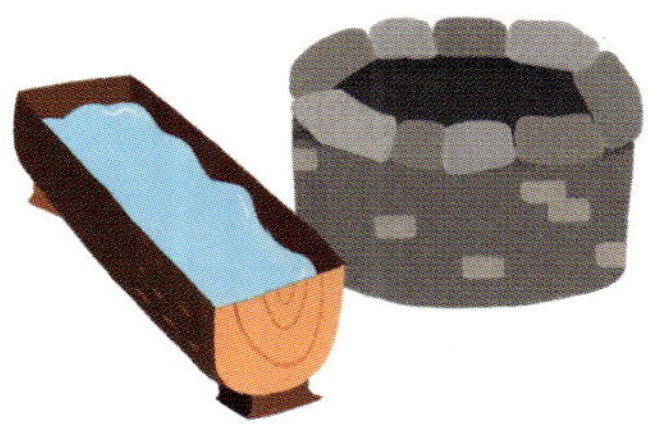

배려

아론과 훌의 배려

출애굽기 17:8-16

8 그 때에 아말렉 사람들이 몰려와서, 르비딤에 있는 이스라엘 사람을 공격하였다.

9 모세가 여호수아에게 말하였다. "장정들을 뽑아서 아말렉과 싸우러 나가시오. 내일 내가 하나님의 지팡이를 손에 들고, 산꼭대기에 서 있겠소."

10 여호수아는 모세가 그에게 말한 대로 아말렉과 싸우러 나가고, 모세와 아론과 훌은 언덕 위로 올라갔다.

11 모세가 그의 팔을 들면 이스라엘이 더욱 우세하고, 그가 팔을 내리면 아말렉이 더욱 우세하였다.

12 모세가 피곤하여 팔을 들고 있을 수 없게 되니, 아론과 훌이 돌을 가져 와서 모세를 앉게 하고, 그들이 각각 그 양쪽에 서서 그의 팔을 붙들어 올렸다. 해가 질 때까지 그가 팔을 내리지 않았다.

13 이렇게 해서, 여호수아는 아말렉과 그 백성을 칼로 무찔렀다.

14 그 때에 주님께서 모세에게 말씀하셨다. "너는 오늘의 승리를 책에 기록하여 사람들이 잊지 않도록 하고, 여호수아에게는, '내가 아말렉을 이 세상에서 완전히 없애서 아무도 아말렉을 기억하지 못하게 하겠다'고 한 나의 결심을 일러주어라."

15 모세는 거기에 제단을 쌓고 그 곳 이름을 '여호와닛시'라 하고,

16 "주님의 깃발을 높이 들어라. 주님께서 대대로 아말렉과 싸우실 것이다" 하고 외쳤다.

아론과 훌의 배려

"이스라엘을 공격하라!"
큰일났어요.
아말렉 사람들이 이스라엘 백성이 있는 곳으로 쳐들어왔어요!

모세가 여호수아에게 말했어요.
"여호수아야, 전쟁에 나갈 군사들을 뽑도록 하여라!"
여호수아는 모세의 명령대로
군사를 뽑아 아말렉과 싸우러 갔어요.
모세는 아론, 훌과 함께
전쟁터를 내려다볼 수 있는 산꼭대기로 올라갔지요.

모세는 하늘 위로 팔을 쭉 뻗어 기도했어요.
"하나님, 이스라엘이 전쟁에서 이길 수 있게 도와주세요!"

그때 신기한 일이 일어났어요!
모세가 하나님을 향해 손을 높이 들고 기도하면
이스라엘이 이기고, 피곤하여 손을 내리면
이스라엘이 지는 것이었어요.
"모세야, 네가 지치지 않게
우리가 팔을 붙잡아 줄 테니 기도를 멈추지 마렴."

아론과 훌은 모세의 양손을 붙잡아
모세의 손이 내려오지 않도록 배려해 주었어요.
아론과 훌의 배려로 모세의 팔은
해가 질 때까지 내려오지 않았지요.
아론과 훌의 배려로 이스라엘 백성들은
전쟁에서 승리할 수 있게 되었답니다.

The Caring Hearts of Aaron and Hur

"Attack Israel!!"
Oh no!
The Amalekites came to fight the Israelites!

Moses told Joshua,
"Joshua, select soldiers to go out to battle!"
Following Moses' command,
Joshua chose soldiers to fight against the Amalekites.
Moses went up to a mountain where
he could overlook the battlefield with Aaron and Hur.

There, Moses raised his arms to the sky in prayer,
"God, please help Israel win the battle!"

Something miraculous happened!
When Moses raised his hands high in prayer to God,
Israel would prevail,
and when he lowered his tired arms,
Israel would struggle.
"Moses, we will support your arms so you don't grow weary.
Don't stop praying!"

Aaron and Hur held up Moses' hands to ensure
they remained lifted until sunset.
Because Aaron and Hur cared for Moses,
his arms stayed up until the sun went down.
Thanks to their kindness,
the Israelites won the battle!

배려 태도 연습

다른 사람을 위해 기도해요.

다른 사람을 배려하는 방법에는 여러 가지가 있습니다.
그 중 '기도'로 다른 사람을 돕는 것도 배려의 방법이지요.
다른 사람의 어려움을 위해 하나님께 기도해 보세요.
하나님께서 다른 사람을 배려하는
나의 기도를 들으시고 응답해 주실 거예요.

배려

도르가의 기적

사도행전 9:36-42

36 그런데 욥바에 다비다라는 여제자가 있었다. 그
이름은 그리스 말로 번역하면 도르가인데, 이 여자는
착한 일과 구제사업을 많이 하는 사람이었다.

37 그 무렵에 이 여자가 병이 들어서 죽었다. 그래서
사람들이 그의 시신을 씻겨서 다락방에 두었다.

38 룻다는 욥바에서 가까운 곳이다. 제자들이 베드
로가 룻다에 있다는 말을 듣고, 두 사람을 그에게로
보내서, 지체하지 말고 와 달라고 간청하였다.

39 그래서 베드로는 일어나서, 심부름꾼과 함께 갔
다. 베드로가 그 곳에 이르니, 사람들이 그를 다락방
으로 데리고 올라갔다. 과부들이 모두 베드로 곁에
서서 울며, 도르가가 그들과 함께 지낼 때에 만들어
둔 속옷과 겉옷을 다 내보여 주었다.

40 베드로는 모든 사람을 바깥으로 내보내고 나서,
무릎을 꿇고 기도를 하였다. 그리고 시신 쪽으로 몸을
돌려서, "다비다여, 일어나시오!" 하고 말하였다. 그
여자는 눈을 떠서, 베드로를 보고, 일어나서 앉았다.

41 베드로가 손을 내밀어서, 그 여자를 일으켜 세웠
다. 그리고 성도들과 과부들을 불러서, 그 여자가 살
아 있음을 보여 주었다.

42 그 일이 온 욥바에 알려지니, 많은 사람이 주님을
믿게 되었다.

도르가의 기적

도르가가 싹뚝싹뚝 아주 멋진 옷을 만들고 있어요.
"이 옷을 받고 행복해할 사람들을 생각하니 너무나 기뻐.
정말 멋지게 만들어야지!"
도르가는 가난한 사람들에게 옷을 나누어 주기 위해
한 땀, 한 땀 정성으로 옷을 만들었어요.
도르가는 가난한 사람들을 기쁜 마음으로 돕는 사람이었지요.

그러던 어느 날,
도르가가 병에 걸려 끙끙 앓기 시작했어요.
"도르가, 아프지 말아요. 죽을 가지고 왔으니 어서 먹어봐요."
마을 사람들이 정성스럽게 돌보아주었지만
도르가는 결국 죽고 말았어요.
슬픈 소식이 마을에 전해지자
사람들은 엉엉 울며 도르가의 집으로 뛰어왔어요.

그리고 베드로 사도도 데리고 왔지요.
"여기 베드로 사도님을 모셔왔어요!"
"흑흑흑. 베드로 사도님!
우리를 위해 일하던 도르가가 죽었습니다."
"모두들 밖으로 나가주세요."
베드로는 무릎을 꿇고 하나님께 기도했어요.
"하나님, 하나님의 딸 도르가를 살려주세요!"
그때 놀라운 일이 일어났어요.
도르가가 살아난 거예요.

하나님께서 다른 사람을 배려하며
착한 일을 한 도르가를 살리셨어요.
이 일이 온 마을에 퍼져
더 많은 사람들이 예수님을 믿게 되었답니다.

The Miracle of Dorcas

Dorcas is snip-snip-snipping and making beautiful clothes!
"I'm so happy to think about the people who will be happy to receive these clothes!
I want to make them extra special!"
Dorcas made clothes with care, one stitch at a time.
Dorcas gave them to people who were poor.
Dorcas loved helping others with a joyful heart.

But one day,
Dorcas got very sick.
"Oh no, Dorcas! Don't be sick.
I brought you some soup—please try to eat."
The villagers took care of her carefully,
but Dorcas eventually died.
When the sad news spread,
people came running to her house, crying loudly.

They also brought Peter the apostle.
"Here is Peter! He has come to help!"
"Sob, sob… Peter! Dorcas, who helped us all, has died."
"Everyone, please step outside," Peter said.
Peter knelt down and prayed to God.
"God, please bring Your daughter Dorcas back to life."

Then something amazing happened!
Dorcas came to life.
God brought Dorcas back to life
because she had a kind heart and helped many people.
When the village heard what happened,
many more people began to believe in Jesus.

배려 태도 연습

작은 것부터 배려를 실천해요.

도르가는 자신이 가장 잘하는 '옷을 만드는 일'로
배려를 실천했어요.
내가 할 수 있는 일은 무엇인가요?
아주 작은 것이라도
다른 사람에게 도움을 주는 배려가 될 수 있어요.
내가 할 수 있는 일로 사랑하는 사람들을 돕는
배려의 성품리더가 되어보세요.

배려란

'나와 다른 사람 그리고 환경에 대하여
사랑과 관심을 갖고 잘 관찰하여 보살펴 주는 것'
(좋은나무성품학교 정의)입니다.

배려는 하나님께서 주신 명령대로 사랑을 나눠주는 것이지요.

배려의 시작은 바로 하나님께서 창조하신
나를 귀하게 여기며 사랑하는 것입니다.
나를 소중하게 여기며 사랑하는 사람이
예수님의 사랑으로 다른 사람의 필요를 채워주고,
하나님께서 만드신 아름다운 세상을
아끼고 보살필 수 있기 때문이지요.

다른 사람을 위해 기도하며 돕는
기쁨을 자녀의 마음속에 심어 주세요.
그러한 사람은 나와 다른 사람 그리고 하나님이 만드신 세상을
배려하기 위해, 생각한 것을 행동으로 기쁘게 옮겨
세상을 감동시키는 성품리더로 성장하게 될 것입니다.

"네 이웃을 네 자신 같이 사랑하라"
(마태복음 22장 39절)

재미있는 성경이야기로 배우는 하나님의 사랑

CHARACTER BIBLE

성품바이블

감사

다른 사람이 나에게 어떤 도움이 되었는지 인정하고 말과 행동으로 고마움을 표현하는 것

Showing thanks for a helpful hand or a kind gesture.

좋은나무성품학교 정의

감사

감사는 표현하는 거예요

마태복음 2:9-11

9 박사들이 왕의 말을 듣고 갈새 동방에서 보던 그 별이
문득 앞서 인도하여 가다가 아기 있는 곳 위에 머물러
서 있는지라

10 그들이 별을 보고 매우 크게 기뻐하고 기뻐하더라

11 집에 들어가 아기와 그의 어머니 마리아가 함께 있는
것을 보고 엎드려 아기께 경배하고 보배합을 열어 황금
과 유향과 몰약을 예물로 드리니라

감사는 표현하는 거예요

밤하늘에 아주 커다란 별이
밝은 빛을 내며 반짝반짝 빛나고 있었어요.
"저 크고 빛나는 별을 보세요.
마치 우리에게 따라오라고 말하는 것만 같아요!"
"우리 저 별을 쫓아가 봅시다!"
동방 박사들은 반짝반짝 빛나는 별을 따라 길을 떠났어요.

커다란 별이 움직이면 동방 박사들도 움직이고,
또 별이 멈추면 함께 멈춰 섰지요.
별은 베들레헴 마을의 한 마구간 위에 멈추었어요.
별은 더 이상 움직이지 않고 더욱 강한 빛을 내며 반짝였지요.
"이곳에 별이 멈추었어요!"
"분명 이곳에 우리를 구원할 구세주가 계실 거예요!
어서 들어갑시다!"
동방 박사들은 마구간의 문을 '삐걱' 열었어요.

그곳에는 아기 예수님이 말구유에 누워계셨어요.
동방 박사들은 아기 예수님을 보고 기뻐했어요.
"하나님, 우리를 구원하시기 위해
아기 예수님을 보내주셔서 감사합니다!"
동방 박사들은 무릎을 꿇고 아기 예수님께 경배했어요.
정성껏 준비한 황금과 유향,
몰약을 아기 예수님께 감사의 선물로 드렸어요.
그리고 아기 예수님을 이 땅에 보내주신 하나님께
감사의 마음을 표현했어요.

감사란, 동방 박사들처럼
말과 행동으로 고마운 마음을 표현하는 것이랍니다.

Gratitude is Expressing It

In the night sky, a big,
bright star was shining and sparkling.
"Look at that big, shining star!
It looks like it's telling us to follow it!"
"Let's go after that star!"
The wise men from the East began their journey,
following the bright and sparkling star.

When the star moved, the wise men moved.
When the star stopped, they stopped too.
The star stopped over a stable in the town of Bethlehem.
It didn't move anymore, but it shone even brighter.
"The star stopped right here!"
"This must be where the Savior has been born!
Let's go inside!"
The wise men gently opened the door—creak!

Inside, baby Jesus was lying in a manger.
The wise men were overjoyed to see baby Jesus.
"Thank You, God,
for sending baby Jesus to save us!"
They knelt down and worshiped baby Jesus.
Then, they gave their special gifts—gold, frankincense,
and myrrh—to thank God with all their hearts.

Gratitude is expressing a thankful heart through words and actions,
just like the wise men did.

감사 태도 연습

나를 구원하신 하나님께 감사해요.

감사의 성품은 나를 구원하시고,
바른 길로 인도하시는 하나님께
감사하는 것에서부터 시작합니다.
나를 구원하시려 이 땅에 오신 예수님께
감사의 마음을 고백해 보세요.
"나를 구원하신 예수님, 감사합니다!"

감사

감사의 향기

요한복음 12:1-8

1 유월절 엿새 전에, 예수께서 베다니에 가셨다. 그곳은 예수께서 죽은 사람 가운데에 살리신 나사로가 사는 곳이다.

2 거기서 예수를 위하여 잔치를 베풀었는데, 마르다는 시중을 들고 있었고, 나사로는 식탁에서 예수와 함께 음식을 먹고 있는 사람 가운데 끼여 있었다.

3 그 때에 마리아가 매우 값진 순 나드 향유 한 근을 가져다가 예수의 발에 붓고, 자기 머리털로 그 발을 닦았다. 온 집 안에 향유 냄새가 가득 찼다.

4 예수의 제자 가운데 하나이며 장차 예수를 넘겨줄 가룟 유다가 말하였다.

5 "이 향유를 삼백 데나리온에 팔아서 가난한 사람들에게 주지 않고, 왜 이렇게 낭비하는가?"

6 (그가 이렇게 말한 것은, 가난한 사람을 생각해서가 아니다. 그는 도둑이어서 돈자루를 맡아 가지고 있으면서, 거기에 든 것을 훔쳐내곤 하였기 때문이다.)

7 예수께서 말씀하셨다. "그대로 두어라. 그는 나의 장사 날에 쓰려고 간직한 것을 쓴 것이다.

8 가난한 사람들은 언제나 너희와 함께 있지만, 나는 언제나 너희와 함께 있는 것이 아니다."

감사의 향기

"예수님이 우리 집에 오신대!"
마리아가 기뻐하며 말했어요.
"그게 정말이야?
예수님을 위해 어서 맛있는 음식과 과일을 준비해야지.
바쁘다, 바빠!"
가족들은 죽었던 나사로를 살려주신 예수님께
감사의 마음을 표현하고 싶었어요.
그래서 언니 마르다는 보글보글 맛있는 음식을 준비하고,
오빠 나사로는 집을 쓱싹쓱싹 깨끗이 청소하며
예수님을 맞이할 준비를 했어요.

예수님을 위해 특별한 것을 준비하고 싶었던 마리아는 생각했어요.
'나도 예수님을 기쁘게 해드리고 싶은데...
옳지! 내가 가진 소중한 것을 선물로 드려야겠어!'
그때 마침 '똑똑똑' 노크 소리가 들려왔어요.
예수님이 나사로의 집에 오신 거예요.
예수님과 제자들 그리고 나사로는 식탁에 둘러앉았어요.

마르다는 정성껏 준비한 맛있는 음식을 식탁 위에 올려두었지요.
마리아도 예수님을 위해 준비한 선물을 가지고 나왔어요.
"예수님 저의 선물을 받아주세요."
마리아는 무릎을 꿇고 값비싼 향유를 예수님 발에 '콸콸' 붓기 시작했어요.
그리고 자신의 긴 머리카락으로 예수님의 발을 정성스럽게 닦아드렸어요.
마리아는 모든 사람을 구원하실 예수님께
아낌없이 향유를 부어 감사의 마음을 표현했어요.
마리아가 예수님께 표현한 감사의 마음은
널리 널리 향기처럼 퍼져
지금도 많은 사람에게 전해지고 있답니다.

The Fragrance of Gratitude

"Jesus is coming to our house!"
Mary said with joy.
"Really? Then we must get ready!
Let's make yummy food and set out fresh fruit.
Hurry, hurry!"
The family wanted to thank Jesus
for raising Lazarus from the dead.
So Martha cooked tasty food.
And Lazarus cleaned the house—swish, swish!
They wanted everything to be perfect for Jesus.

Mary also wanted to do something special for Jesus.
'I want to make Jesus happy...
Oh, I know! I will give Him my most precious gift!'
Just then—knock, knock, knock!
Jesus had arrived at Lazarus's house!
Jesus, His disciples, and Lazarus sat at the table.

Martha placed the carefully prepared delicious food on the table.
Mary brought out the gift she had prepared for Jesus.
"Jesus, please take my gift," she said.
Mary knelt down and poured her expensive perfume on Jesus' feet—pour, pour!
She then used her long hair to gently wipe His feet.
Mary expressed her gratitude to Jesus,
the Savior of all people, by generously pouring out the perfume.
Her beautiful gift of love and thanks spread like sweet perfume,
and her story is still told to this day!

감사 태도 연습

감사한 마음을 행동으로 표현해요.

마리아는 몸을 굽혀 향유로 예수님의 발을 닦아주며
고마운 마음을 행동으로 표현했어요.
우리의 표정, 말투, 목소리, 행동 등으로도
고마움을 전할 수 있지요.
고마운 사람에게 밝은 미소, 명랑한 목소리,
정성스럽게 준비한 편지나 선물 등으로
감사의 마음을 전해 보세요.

감사

감사할 때 받는 더 큰 축복

누가복음 17:11-19

11 예수께서 예루살렘으로 가시는 길에, 사마리아와
갈릴리 사이로 지나가시게 되었다.
12 예수께서 어떤 마을에 들어가시다가 나병환자
열 사람을 만나셨다. 그들은 멀찍이 멈추어 서서,
13 소리를 높여 말하였다. "예수 선생님, 우리를 불
쌍히 여겨 주십시오."
14 예수께서는 보시고 그들에게 말씀하셨다. "가서,
제사장들에게 너희 몸을 보여라." 그런데 그들이 가
는 동안에 몸이 깨끗해졌다.
15 그런데 그들 가운데 한 사람은 자기의 병이 나은
것을 보고, 큰 소리로 하나님께 영광을 돌리면서 되
돌아와서,
16 예수의 발 앞에 엎드려 감사를 드렸다. 그런데 그
는 사마리아 사람이었다.
17 그래서 예수께서 말씀하셨다. "열 사람이 깨끗
해지지 않았느냐? 그런데 아홉 사람은 어디에 있느
냐?
18 하나님께 영광을 돌리러 되돌아온 사람은, 이 이
방 사람 한 명밖에 없느냐?"
19 그런 다음에 그에게 말씀하셨다. "일어나서 가거
라. 네 믿음이 너를 구원하였다."

감사할 때 받는 더 큰 축복

"예수님! 우리 몸을 깨끗하게 해주세요!
우리 병을 낫게 해주세요."
열 명의 나병환자들이 예수님을 보고 큰소리로 외쳤어요.
나병환자를 본 예수님께서 말씀하셨어요.
"제사장들에게 가서 너희의 몸을 보여주렴."
열 명의 나병환자들은 예수님의 말을 믿고
제사장들에게 달려갔어요.

그때 신기한 일이 일어났어요.
"어, 어! 내 몸이 깨끗해졌어! 이것 좀 봐!"
제사장들에게 뛰어가던 나병환자들의 몸이 깨끗이 나았어요.
"우와! 우리 몸이 깨끗해졌어! 내 몸이 깨끗해졌어!"
나병환자들은 폴짝폴짝 기뻐 뛰며
제사장들에게 더 빠른 속도로 달려갔어요.

그런데 한 명의 나병환자는 가던 길을 되돌아
예수님께로 헐레벌떡 뛰어갔어요.
"예수님! 저를 고쳐 주셔서 감사합니다!"
단 한 명의 나병환자만이 자신의 병을 치료해 주신 예수님께
감사 인사를 드리며 감사한 마음을 표현했어요.

예수님은 그 사람을 축복하며 말씀하셨어요.
"감사의 마음을 표현한 사람은 너밖에 없구나.
너의 믿음이 널 구원하였다."

감사의 마음을 표현한 나병환자는
병이 나은 것뿐만 아니라
구원의 선물까지도 받게 되었답니다.

Greater Blessings When We Are Thankful

"Jesus! Please make us clean!
Please heal our sickness!"
Ten men with leprosy shouted loudly when they saw Jesus.
When Jesus saw them, He said,
"Go and show yourselves to the priests."
The ten men believed Jesus' words and ran to find the priests.

Then something amazing happened!
"Hey, hey! Look at me! My skin is clean!"
As they were running, all ten men were healed!
"Wow! Our bodies are clean! We're healed!"
The men were so happy,
they jumped and ran even faster!

But one man stopped.
Instead of running to the priest,
he turned around and ran back to Jesus.
"Thank You, Jesus, for healing me!"
Only one of the ten men came back to say thank You to Jesus.

Jesus blessed the man and said,
"Only you came back to give thanks.
Your faith has made you well."

The thankful man was not only healed,
but also received the gift of salvation.

감사 태도 연습

감사한 마음을 말로 표현해요.

감사의 말은 하는 사람과 듣는 사람 모두에게
기쁨과 감동을 줄 수 있어요.
감사의 마음을 속으로만 가지고 있지 말고
"감사해요.", "고마워요."라는 말로
직접 표현해 보세요.

감사

가장 먼저 할 일 '감사'

창세기 8:13-22

13 노아가 육백한 살 되는 해 첫째 달, 곧 그 달 초하
룻날, 땅 위에서 물이 다 말랐다. 노아가 방주 뚜껑
을 열고, 바깥을 내다보니, 땅바닥이 말라 있었다.

14 둘째 달, 곧 그 달 스무이렛날에, 땅이 다 말랐다.

15 하나님이 노아에게 말씀하셨다.

16 "너는 아내와 아들들과 며느리들을 데리고 방주
에서 나가거라.

17 네가 데리고 있는, 살과 피를 지닌 모든 생물들,
곧 새와 집짐승과 땅 위에서 기어다니는 모든 길짐
승을 데리고 나가거라. 그래서 그것들이 땅에서 생
육하고 땅에서 번성하게 하여라."

18 노아는 아들들과 아내와 며느리들을 데리고 나왔
다.

19 모든 짐승, 모든 길짐승, 모든 새, 땅 위를 기어다
니는 모든 것도, 그 종류대로 방주에서 바깥으로 나
왔다.

20 노아는 주님 앞에 제단을 쌓고, 모든 정결한 집짐
승과 정결한 새들 가운데서 제물을 골라서, 제단 위
에 번제물로 바쳤다.

21 주님께서 그 향기를 맡으시고서, 마음 속으로 다짐
하셨다. "다시는 사람이 악하다고 하여서, 땅을 저
주하지는 않겠다. 사람은 어릴 때부터 그 마음의 생
각이 악하기 마련이다. 다시는 이번에 한 것 같이,
모든 생물을 없애지는 않겠다.

22 땅이 있는 한, 뿌리는 때와 거두는 때, 추위와 더
위, 여름과 겨울, 낮과 밤이 그치지 아니할 것이다."

가장 먼저 할 일 '감사'

하루, 이틀, 사흘, 나흘…
비가 주르륵주르륵 내렸어요.
사십 일 동안 쉬지 않고 비가 내려
집과 큰 나무, 가장 높은 산까지도 물에 잠기게 되었어요.
물 위에는 노아의 방주만이 둥둥 떠다니고 있었지요.

노아와 가족들은 방주에서 지내면서
비가 그치기를 간절히 기다렸어요.
"이렇게나 비가 많이 오다니.
하나님, 우리 가족과 이 방주를 지켜주세요."
하나님께서는 노아와 가족들,
그리고 방주에 있는 동물들을 안전하게 지켜주셨어요.

그러던 어느 날 하나님께서 노아에게 말씀하셨어요.
"노아야, 이제 가족들을 데리고 방주에서 나오너라."
하나님 말씀을 따라 노아는 방주의 문을 활짝 열고,
가족들과 방주에서 나와 마른 땅을 밟았어요.
"우리를 인도해 주신 하나님, 감사합니다!"
노아와 가족들은 방주에서 내려
제일 먼저 하나님께 감사 예배를 드렸어요.
하나님은 노아와 가족들의 예배를 기쁘게 받으셨어요.

"노아야, 내가 다시는 물로 땅을 심판하지 않을 것이다.
그 약속으로 빨, 주, 노, 초, 파, 남, 보 아름다운 무지개를 선물로 주마."
하나님께서는 감사 예배를 드린 노아와 가족들에게
약속의 무지개를 선물로 보여주셨어요.
홍수가 끝난 후 가장 먼저 노아가 한 일은
하나님께 감사를 드린 것이랍니다.

First Thing to Do: Gratitude

One day, two days, three days, four…
Rain came falling down, drip drop, drip drop.
For forty days and forty nights, the rain didn't stop!
Houses, trees, even the tallest mountains were covered with water.
Only Noah's ark floated on the water.

Noah and his family stayed in the ark,
eagerly waiting for the rain to stop.
"So much rain! God,
please protect our family and this ark."
God heard Noah, his family,
and the animals in the ark safe.

Then one day, God spoke to Noah.
"Noah, it's time. Come out of the ark with your family."
Noah opened the big ark door wide.
He stepped onto the dry ground and said,
"Thank You, God, for keeping us safe!"
Noah and his family first worshiped God
with gratitude as soon as they left the ark.
God was pleased with their worship.

"Noah, I will never again flood the earth to destroy all life.
As a sign of my promise,
I give you the beautiful rainbow of
red, orange, yellow, green, blue, indigo, and violet."
God showed Noah and his family
the rainbow as a gift of His promise.
The first thing Noah did after the flood was give thanks to God.

감사 태도 연습

가장 먼저 감사를 드려요.

방주에서 나온 노아가 가장 먼저 한 일은
하나님께 감사 예배를 드린 거예요.
아침에 일어나서 감사, 어린이집에 등원해서 감사, 교회에 와서 감사 등
어떤 일에도 감사로 시작하는 연습을 해 보세요.
하루를 하나님께 감사하는 마음으로 시작할 때
감사의 성품으로 기쁨이 충만해진답니다.

감사

감사의 습관

다니엘 6:1-10

1 다리우스는 자기의 뜻대로 나라 안에 지방장관 백
스무 명을 세워서, 나라를 다스리게 하였다.

2 또 그들 위에 정승 세 사람을 세웠는데, 다니엘도
그 가운데 한 사람이었다. 그리고 지방장관들이 정
승들에게 업무를 보고하게 하여, 왕에게 피해를 끼
치는 일이 없도록 하였다.

3 그런데 다니엘이 다른 정승들이나 지방장관들보
다 더 우수하였으므로, 왕이 그를 나라의 통치자로
임명하고자 하였다.

4 그러자 다른 정승들과 지방장관들이, 다니엘이 나
라 일을 잘못 처리한 것을 찾아내려 하였다. 그러나
그들은 그에게서 아무런 실책이나 허물을 발견하지
못하였다. 다니엘이 임무에 충실하여, 아무런 실책
이나 허물이 없었기 때문이다.

5 그래서 그들은 서로 말하였다. "다니엘이라는 자
는 그가 믿는 신의 법을 문제삼지 않고는, 고발할 근
거를 찾을 수 없다."

6 그리하여 총리들과 방백들은 왕에게로 나아가서
아뢰었다. "다리우스 임금님, 만수무강 하시기를 빕
니다.

7 이 나라 정승들과 대신들과 지방장관들과 고문관
들과 총독들이 모두 의논한 바가 있습니다. 임금님
이 법을 한 가지 만드셔서, 금령으로 내려 주시도록
요청하기로 하였습니다. 그 법은, 앞으로 삼십 일 동
안에, 임금님 말고, 다른 신이나 사람에게 무엇을 간
구하는 사람은, 누구든지 사자 굴에 집어 넣기로 한
다는 것입니다.

8 바라옵기는, 임금님이 이제 금령을 세우시고, 그 문
서에 임금님의 도장을 찍으셔서, 메대와 페르시아의
고치지 못하는 법을 따라서, 그것을 다시 고치지 못
하게 하시기를 바랍니다."

9 그리하여 다리우스 왕은 금령의 문서에 왕의 도장
을 찍었다.

10 다니엘은, 왕이 금령 문서에 도장을 찍은 것을 알
고도, 자기의 집으로 돌아가서, 다락방으로 올라갔
다. 그 다락방은 예루살렘 쪽으로 창문이 나 있었다.
그는 늘 하듯이, 하루에 세 번씩 그의 하나님께 무릎
을 꿇고 기도하며, 감사를 드렸다.

감사의 습관

다리오 왕은 다니엘을 무척이나 아꼈어요.
왕은 지혜롭고 총명한 다니엘에게 나라의 모든 것을 맡기고 싶어했지요.
"다리오 왕은 왜 이렇게 다니엘만 예뻐하는 거야? 정말 질투나!"

다니엘을 질투하던 신하들은
다니엘을 괴롭힐 생각을 하다가 소리치며 말했어요.
"그래, 좋은 방법이 떠올랐어! 어서 왕한테 갑시다!"
신하들은 다니엘을 함정에 빠뜨리기 위한 방법을 왕에게 이야기했어요.
"왕이시여! 이제부터 30일 동안 왕이 아닌 다른 사람이나 신에게
기도하는 사람을 사자 굴에 던져 넣는 게 어떻습니까?"
신하들의 나쁜 꾀에 넘어간 다리오 왕은 신하들의 말을 허락하고
백성들에게 명령을 내렸어요.

이 소식을 다니엘도 듣게 되었지만
언제나 했던 습관처럼 아침, 점심, 저녁에 늘 하던 대로
예루살렘을 향해 창문을 활짝 열고 감사 기도를 드렸어요.
"하나님, 매일매일 감사합니다."
다니엘이 기도하는 것을 본 총리들은 왕에게 달려갔어요.
"왕이시여! 다니엘이 왕의 말을 무시하고 하나님께 기도하고 있습니다.
어서 사자 굴에 넣으십시오!"
다리오 왕은 다니엘을 사랑했지만 이미 내린 명령을 바꿀 수 없었어요.
다리오 왕은 어쩔 수 없이 다니엘을 사자 굴에 집어 넣었어요.

다니엘은 어떻게 되었을까요?
하나님께서 천사들을 보내어 매일매일 감사의 기도를
멈추지 않았던 다니엘을 안전하게 지켜 주셨어요.
하나님께서는 힘든 일 속에서도 감사하며 기도한 다니엘을 아주 기뻐하셨어요.
그래서 하나님의 영을 부어 주셔서 나라의 최고 지도자가 되는 축복을 주셨답니다.

Habit of Gratitude

King Darius cared deeply for Daniel.
He wanted to put wise and smart Daniel in charge of the whole kingdom.
"Why does King Darius like Daniel so much? I'm so jealous!"

The jealous leaders made a plan to get Daniel in trouble and shouted,
"I have a great idea! Let's go to the king!"
They told the king a tricky plan to trap Daniel.
"Your Majesty! What if, for 30 days,
anyone who prays to someone other than you is thrown into the lion's den?"
King Darius, falling for the officials' wicked scheme,
approved their suggestion and commanded it to the people.

Daniel heard the news, but just like always,
he opened his window toward Jerusalem and prayed thankfully in the morning,
at noon, and in the evening.
"God, thank You every single day."
The leaders saw Daniel praying and ran to the king.
"Your Majesty! Daniel is not obeying your law.
He's praying to God. Throw him into the lion's den!"
King Darius loved Daniel, but he could not change the law.
Sadly, King Darius had to put Daniel into the lion's den.

What happened to Daniel?
God sent angels to protect Daniel, who never stopped giving thanks.
God was so pleased that Daniel prayed with thanks, even when things were hard.
So God filled him with His Spirit and gave him the blessing of
becoming the greatest leader in the land.

감사 태도 연습

매일 감사 기도를 드려요.

다니엘은 매일 하나님께 감사 기도를 드리는
습관을 가지고 있었지요.
습관이란 어떤 행동을 오랫동안 반복해서
저절로 익혀지는 행동이랍니다.
다니엘과 같이 매일 감사 기도를 드리는
좋은 습관을 만들기 위해 아침, 점심, 저녁 하루 세 번씩
하나님께 감사 기도를 드려보세요.

감사

힘들 때 드리는 감사

창세기 35:1-15

1 하나님이 야곱에게 말씀하셨다. "어서 베델로 올라가, 거기에서 살아라. 네가 너의 형 에서 앞에서 피해 도망칠 때에, 너에게 나타난 그 하나님께 제단을 쌓아서 바쳐라."

2 야곱은, 자기의 가족과 자기가 거느리고 있는 모든 사람에게 명령하였다. "너희가 가지고 있는 이방 신상들을 다 버려라. 몸을 깨끗이 씻고, 옷을 갈아입어라.

3 이제 우리는 이 곳을 떠나서, 베델로 올라간다. 거기에다 나는, 내가 고생할 때에 나의 간구를 들어 주시고, 내가 가는 길 어디에서나 나와 함께 다니면서 보살펴 주신, 그 하나님께 제단을 쌓아서 바치고자 한다."

4 그들은, 자기들이 가지고 있는 모든 이방 신상과 귀에 걸고 있는 귀고리를 야곱에게 가져 왔다. 야곱은 그것들을 세겜 근처 상수리나무 밑에 묻었다.

5 그런 다음에 그들은 길을 떠났다. 하나님이 사방에 있는 모든 성읍 사람을 두려워 떨게 하셨으므로, 아무도 야곱의 아들들을 추격하지 못하였다.

6 야곱과, 그가 거느린 모든 사람이, 가나안 땅 루스 곧 베델에 이르렀다.

7 야곱이 거기에서 제단을 쌓은 뒤에, 그가 형을 피해서 떠날 때에, 베델에서 하나님이 나타나신 것을 생각하고, 그 곳 이름을 엘베델이라고 하였다.

8 리브가의 유모 드보라가 죽어서, 베델 아래쪽 상수리나무 밑에 묻히니, 사람들이 그 나무 이름을 알론바굿이라고 하였다.

9 야곱이 밧단아람에서 돌아온 뒤에, 하나님이 그에게 다시 나타나셔서 복을 주셨다.

10 하나님이 그에게 말씀하셨다. "너의 이름이 야곱이었지만, 이제부터 너의 이름은 야곱이 아니라 이스라엘이다." 하나님이 그의 이름을 이스라엘이라고 하셨다.

11 하나님이 그에게 말씀하셨다. "나는 전능한 하나님이다. 너는 생육하고 번성할 것이다. 한 민족과 많은 갈래의 민족이 너에게서 나오고, 너의 자손에게서 왕들이 나올 것이다.

12 내가 아브라함과 이삭에게 준 땅을 너에게 주고, 그 땅을 내가 너의 자손에게도 주겠다."

13 그런 다음에 하나님은 야곱과 말씀하시던 곳을 떠나서 올라가셨다.

14 야곱은 하나님이 자기와 말씀을 나누시던 곳에 기둥 곧 돌기둥을 세우고, 그 위에 부어 드리는 제물을 붓고, 그 위에 기름을 부었다.

15 야곱은 하나님이 자기와 말씀을 나누시던 곳의 이름을 베델이라고 하였다.

힘들 때 드리는 감사

야곱에게 어려운 일이 생겼어요.
주변 나라들로부터 위협을 받아 살고 있던 곳을 빨리 떠나야 했지요.
야곱은 가족들을 데리고 도망치며 두려움에 덜덜 떨었어요.
"하나님! 어디로 가야 할지 모르겠어요. 흑흑흑"

"야곱아 두려워하지 말아라.
네가 형 에서로부터 도망쳤을 때 나를 만났던 곳을 기억하느냐?
그곳으로 가서 예배를 드리도록 하여라."
"네 하나님! 그곳을 기억합니다!
나를 지켜주시고 나와 함께 하시겠다는 약속도 기억해요."
야곱은 가족들에게 말했어요.
"이제 우리가 벧엘로 가서 하나님께 예배를 드릴 것이다.
하나님께 예배를 드리기 위해 너희가 지니고 있는 우상들을 모두 버리고,
몸을 깨끗이 씻고 깨끗한 옷으로 갈아입거라."
야곱은 가족들의 우상 모형이나 행운의 귀걸이 등을 모아
상수리나무 아래에 묻고 벧엘로 떠났어요.

벧엘에서 하나님께 예배할 재단을 쌓았지요.
"하나님, 형 에서에게 쫓길 때도,
세겜성 사람들에게 쫓길 때도 너무나 겁이 났어요.
그러나 하나님께서 지금까지 저를 인도해 주시고,
지켜주셔서 저는 안전할 수 있었어요.
나와 함께 하시는 하나님, 감사합니다!"
야곱은 자신을 지켜주신 하나님께 감사의 마음을 표현했어요.

하나님께서는 힘들 때 드리는 감사를 통하여
야곱에게 아주 멋진 일을 이루실 것이라는
약속과 축복을 더해주셨답니다.

Gratitude in Difficult Times

Jacob was in trouble.
He had to leave quickly because nearby nations were threatening him.
Jacob was scared as he ran away with his family.
"God! I don't know where to go. Sob, sob..."

"Jacob, do not be afraid.
Do you remember the place where you met Me
when you ran from your brother Esau?
Go there and worship Me."
"Yes, God! I remember that place!
I also remember Your promise to protect me and be with me."
Jacob said to his family,
"We are going to Bethel to worship God.
Throw away all your idols, wash yourselves,
and put on clean clothes."
Jacob gathered their idols and lucky earrings
and buried them under a big tree.
Then they left for Bethel.

At Bethel, Jacob built an altar to worship God.
"God, I was so scared when Esau was chasing me and
when the people of Shechem came after me.
But You have led me and kept me safe.
Thank You, God, for being with me!"

Jacob gave thanks to God who protected him.
God gave Jacob a promise and blessing—
because of his heart full of gratitude,
even when things were hard.

감사 태도 연습

어려울 때에도 감사해요.

감사는 기쁠 때, 좋은 일이 있을 때만 하는 것이 아니에요.
어려울 때, 힘이 들 때, 슬플 때에도
감사하는 사람이 진정한 성품 리더이지요.
어려울 때에도 하나님을 신뢰하며
감사를 표현해 보세요.
언제나 나와 함께 하시는 하나님께서
어려움을 이겨낼 수 있는 힘을 주신답니다.

감사

모든 일에 감사

데살로니가전서 5:12-18

12 형제자매 여러분, 우리는 여러분에게 부탁합니다. 여러분 가운데서 수고하며, 주님 안에서 여러분을 지도하고 훈계하는 이들을 알아보십시오.

13 그들이 하는 일을 생각해서 사랑으로 그들을 극진히 존경하십시오. 여러분은 서로 화목하게 지내십시오.

14 형제자매 여러분, 여러분에게 권고합니다. 무질서하게 사는 사람을 훈계하고, 마음이 약한 사람을 격려하고, 힘이 없는 사람을 도와주고, 모든 사람에게 오래 참으십시오.

15 아무도 악으로 악을 갚지 말고, 도리어 서로에게, 모든 사람에게, 항상 좋은 일을 하려고 애쓰십시오.

16 항상 기뻐하십시오.

17 끊임없이 기도하십시오.

18 모든 일에 감사하십시오. 이것이 그리스도 예수 안에서 여러분에게 바라시는 하나님의 뜻입니다.

모든 일에 감사

사도 바울은 다른 나라를 돌아다니며 열심히 복음을 전한 전도자예요.
사도 바울은 전도를 하다가 많은 어려움과 고통을 받았어요.
어둡고 캄캄한 감옥에 갇히기도 하고,
채찍과 돌을 맞기도 했지요.
때로는 배를 타고 이동하다가 태풍으로 배가 부서져
온종일 바다에 떠다니기도 했어요.

이런 어려움 속에서도
바울이 사람들에게 가르친 것이 무엇인지 알고 있나요?
바로 '감사'예요.
"여러분! 언제나, 모든 일에 감사하십시오!
이것이 바로 하나님의 뜻입니다!"
바울은 예수님을 전하다가 받은 어려움과 고통이 있어도 언제나 감사했어요.
여러 날을 굶주리고, 목마르고, 매서운 추위에 떨어야 하는 일도 있고,
죄도 없이 잡혀서 차가운 감옥에서 벌벌 떨며 살아야 했지만 늘 감사했지요.

또 바울에게는 절대로 낫지 않는 병도 있었어요.
바울은 하나님께 기도했어요.
"하나님, 제 병을 낫게 해 주세요.
너무 아파 어떤 일도 잘 해낼 수 없을 것 같아요."
하지만 하나님께서는 병을 낫게 해 주시지 않았어요.
하나님께서는 바울에게 이렇게 말씀하셨어요.
"바울아, 내 은혜가 너에게 충분하단다."
바울은 하나님의 말씀을 듣고도 속상해 하지 않고
오히려 그 말씀을 기쁘게 여겼어요.
바울은 자신의 병을 하나님의 '선물'로 여기며 감사하기 시작했지요.
바울은 자신이 약하기 때문에 하나님을 의지할 수 있음에 감사했어요.
모든 일에 감사했던 바울을 통하여
하나님의 축복은 널리 널리 퍼져 나갔답니다.

Gratitude in Everything

Paul the Apostle was a missionary who traveled to
many countries and preached the good news.
He faced many difficulties and sufferings during his missionary work.
He was locked up in dark prisons and was beaten with whips and stones.
One time, his boat broke in a storm and he floated in the sea all day.

Even in these hard times,
do you know what Paul taught people?
It was "gratitude"!
"Everyone! Be thankful always, in everything!
This is God's will for you!"
Paul always gave thanks,
even when he suffered for telling others about Jesus.
He was hungry for days, thirsty, and cold in harsh weather.
He had to stay in prison even though he did nothing wrong,
but he still gave thanks.

Paul also had a sickness that would not go away.
Paul prayed to God,
"God, please heal me.
I'm in pain and don't think I can do anything well."
But God did not heal his illness.
Instead, God said to Paul,
"Paul, my grace is sufficient for you."
Hearing God's words,
Paul was not upset but rather found joy in them.
He began to thank God for the sickness as a special gift.
Paul was grateful that his weakness allowed him to rely on God.
Through Paul's gratitude in all things,
God's blessings spread far and wide.

감사 태도 연습

모든 일에 감사해요.

바울은 자신에게 주어진 모든 일에 감사했어요.
그 비결은 바로 하나님의 자녀가 되는
축복을 받았기 때문이에요.
나도 바울처럼 하나님의 자녀가 된 축복을 기억하며
나에게 일어나는 모든 일에 감사해 보세요.
감사하는 마음은 우리에게
긍정적인 생각을 갖게 해 준답니다.

감사

에벤에셀 하나님께 드리는 감사

사무엘상 7:3-13

3 사무엘이 이스라엘 온 족속에게 말하였다. "여러분이 온전한 마음으로 주님께 돌아오려거든, 이방의 신들과 아스다롯 여신상들을 없애 버리고, 주님께만 마음을 두고 그분만을 섬기십시오. 그러면 주님께서 여러분을 블레셋 사람의 손에서 건져 주실 것입니다."

4 이 말을 듣고 이스라엘 자손이 바알과 아스다롯 신상들을 없애 버리고, 주님만을 섬겼다.

5 그 때에 사무엘이 이스라엘 사람들을 모두 미스바로 모이게 하였다. 그들의 죄를 용서하여 달라고 주님께 기도를 드리려는 것이었다.

6 그들은 미스바에 모여서 물을 길어다가, 그것을 제물로 삼아 주님 앞에 쏟아붓고, 그 날 종일 금식하였다. 그리고 거기에서 "우리가 주님을 거역하여 죄를 지었습니다!" 하고 고백하였다. 미스바는, 사무엘이 이스라엘 자손 사이의 다툼을 중재하던 곳이다.

7 이스라엘 자손이 미스바에 모였다는 소식이 블레셋 사람에게 들어가니, 블레셋 통치자들이 이스라엘을 치려고 올라왔다. 이스라엘 자손은 그 소식을 듣고, 블레셋 사람들을 두려워하였다.

8 그들이 사무엘에게 가서 "주 우리의 하나님이 우리를 블레셋 사람의 손에서 건져내 주시도록, 쉬지 말고 기도하여 주시기 바랍니다" 하고 간청하였다.

9 사무엘이 젖 먹는 어린 양을 한 마리 가져다가 주님께 온전한 번제물로 바치고, 이스라엘을 구원하여 달라고 주님께 부르짖으니, 주님께서 그의 기도를 들어 주셨다.

10 사무엘이 번제를 드리고 있을 때에, 블레셋 사람이 이스라엘과 싸우려고 다가왔다. 그러나 그 때에 주님께서 큰 천둥소리를 일으켜 블레셋 사람을 당황하게 하셨으므로, 그들이 이스라엘에게 패하였다.

11 이스라엘 사람이 미스바에서 나와서, 블레셋 사람을 벳갈 아래까지 뒤쫓으면서 무찔렀다.

12 사무엘이 돌을 하나 가져다가 미스바와 센 사이에 놓고 "우리가 여기에 이르기까지 주님께서 우리를 도와 주셨다!" 하고 말하면서, 그 돌의 이름을 에벤에셀이라고 지었다.

13 그래서 블레셋 사람들이 무릎을 꿇고, 다시는 이스라엘 지역으로 들어오지 않았다. 사무엘이 살아 있는 동안에는 주님의 손이 블레셋 사람을 막아 주셨다.

에벤에셀 하나님께 드리는 감사

"여러분, 다른 신들은 버리고 하나님만 믿고 따르세요!"
사무엘의 말을 들은 이스라엘 백성들은 미스바에 모여
아침, 점심, 저녁 아무것도 먹지 않고 하나님께 회개를 했어요.
"하나님이 아닌 다른 신들을 섬긴 우리의 죄를 용서해 주세요. 흑흑흑."

힘을 다하여 하나님께 기도하고 있는 그때,
큰 일이 일어났어요!
블레셋 사람들이 이스라엘에 쳐들어 온 거예요.
사무엘이 이스라엘 백성들에게 말했어요.
"여러분, 기도하는 것을 멈추지 마세요!
하나님께 우리를 구해달라고 기도합시다!"
백성들은 소리 높여 기도했어요.
"하나님! 블레셋 사람들이 우리를 공격하려고 해요.
우리를 구해주세요!"
하늘에서 '우르르 쾅쾅' 천둥소리가 요란하게 들려왔어요.
블레셋 사람들은 천둥소리에 깜짝 놀라
겁에 질려 부리나케 도망가기 시작했어요.
"이때다! 블레셋 사람들을 무찌르자!"
하나님께서 이스라엘 백성들을 도와주셔서
블레셋 사람들을 이길 수 있었어요.
"오, 하나님! 우리를 도와주셔서 감사합니다."
사무엘은 하나님께 감사하며 돌 하나를 세웠어요.

그리고 그 돌을 '하나님께서 여기까지 우리를 도우셨다'라는 뜻의
'에벤에셀'이라고 이름을 지었지요.
사무엘은 이스라엘 백성들을 도와주신
에벤에셀의 하나님을 잊지 않고
돌을 세워 감사를 표현했답니다.

에벤에셀

Gratitude to Ebenezer God

"Everyone, put away other gods and follow only God!"
When the Israelites heard Samuel's words,
the Israelites gathered at Mizpah and fasted,
not eating anything from morning till evening,
as they repented to God.
"Forgive us for worshiping other gods instead of You,
God. Boo-hoo-hoo."

They prayed to God with all their hearts.
Just then, something big happened!
The Philistines came to attack Israel!
Samuel said to the people,
"Everyone, don't stop praying!
Let's ask God to save us!"
The people cried out loudly,
"God! The Philistines are coming to attack us!
Please save us!"
Then from the sky came a loud thunder— BOOM! CRASH!
The Philistines were so scared by the thunder,
they ran away in fear.
"Now's our chance! Let's stop the Philistines!"
God helped the Israelites win the battle.
"Oh God! Thank You for helping us!"
Samuel thanked God and set up a stone.

He named it Ebenezer, which means,
"God has helped us all the way to here."
Samuel set up that stone to remember and thank God,
who helped the people of Israel.

에벤에셀

감사 태도 연습

감사한 일을 기억해요.

사무엘은 블레셋 군사들을 물리쳐 주신 하나님께
감사한 마음을 잊지 않고 표현했어요.
감사는 고마운 마음을 말과 행동으로 표현하는 거예요.
나에게 고마움을 준 사람과 감사한 일들을 떠올려 보고,
편지나 선물, 말로 감사의 마음을
표현해 보세요.

감사란

'다른 사람이 나에게 어떤 도움이 되었는지

인정하고 말과 행동으로 고마움을 표현하는 것'

(좋은나무성품학교 정의)입니다.

가정은 최초의 성품학교입니다.

감사를 가장 잘 배울 수 있는 곳은 바로 가정입니다.

오늘부터 감사하는 가족이 되기로 결심해 보세요.

먼저 세상을 창조하시고

나를 구원해 주신 하나님께

기도와 찬양으로 감사를 표현해 보세요.

그리고 내 주변의 고마운 사람에게

내가 받은 도움이 무엇인지 생각하며,

말과 행동으로 감사를 표현해 보세요.

우리 가족의 얼굴이 감사로 빛나게 되고

사랑하는 나의 자녀가 '감사가 넘치는'

성품 리더로 자라게 될 것입니다.

"범사에 감사하라 이것이 그리스도 예수 안에서

너희를 향하신 하나님의 뜻이니라"

(데살로니가전서 5장 18절)

재미있는 성경이야기로 배우는 하나님의 사랑

CHARACTER BIBLE

성품바이블

순종

나를 보호하고 있는 사람들의 지시에
좋은 태도로 기쁘게 따르는 것

Following the instructions of others with a good attitude.

좋은나무성품학교 정의

순종

순종으로 복을 받은 아브라함

창세기 12:1-5

1 주님께서 아브람에게 말씀하셨다. "너는, 네가 살
고 있는 땅과, 네가 난 곳과, 너의 아버지의 집을 떠
나서, 내가 보여 주는 땅으로 가거라.

2 내가 너로 큰 민족이 되게 하고, 너에게 복을 주어
서, 네가 크게 이름을 떨치게 하겠다. 너는 복의 근
원이 될 것이다.

3 너를 축복하는 사람에게는 내가 복을 베풀고, 너
를 저주하는 사람에게는 내가 저주를 내릴 것이다.
땅에 사는 모든 민족이 너로 말미암아 복을 받을 것
이다."

4 아브람은 주님께서 말씀하신 대로 길을 떠났다.
롯도 그와 함께 길을 떠났다. 아브람이 하란을 떠날
때에, 나이는 일흔다섯이었다.

5 아브람은 아내 사래와 조카 롯과 하란에서 모은
재산과 거기에서 얻은 사람들을 거느리고, 가나안
땅으로 가려고 길을 떠나서, 마침내 가나안 땅에 이
르렀다.

순종으로 복을 받은 아브라함

"아브람아, 아브람아!
네가 살고 있는 집을 떠나
내가 가라고 하는 땅으로 가거라."
하나님의 말씀에 아브람은 깜짝 놀랐어요.
아브람은 속으로 이렇게 생각했어요.
'여기에 부모님과 친척들이 다 계시는데
하나님께서는 왜 떠나라고 하시는 거지?'
"아브람아, 너는 많은 사람에게 복을 주는 사람이 될 것이다.
내가 너에게 복을 주고, 너를 지켜줄 것이다."
"네, 하나님! 하나님의 약속을 믿고 떠나도록 하겠습니다."

아브람은 하나님의 말씀에 순종하여
아내 사래와 조카 롯, 모든 재산과 종들을 데리고
하나님이 가라고 말씀하신 곳을 향해 떠났어요.
오랫동안 살던 집을 떠나는 것도,
가족들과 친척과 떨어져 낯선 곳으로 가는 것도
아브람에게는 걱정되고 두려운 일이었어요.
하지만 아브람은 자신을 지켜주시는 분이
바로 하나님이라는 것을 알았기 때문에
하나님 말씀에 기쁘게 순종할 수 있었지요.

하나님께서 기쁜 마음으로 순종하는 아브람을
몹시 사랑하셔서 '믿음의 아버지'라는 뜻을 가진
'아브라함'이라는 이름을 새로 주셨어요.
언제나 아브라함과 함께하시며 그를 보호해 주셨지요.
그리고 아브라함을 통해
이스라엘이라는 나라를 이뤄주시며
약속한 모든 것을 지켜주셨답니다.

Abraham, Blessed Through Obedience

"Abram, Abram!
Go from your country,
your people and your father's household to
the land I will show you!"
Abram was surprised when he heard God's voice.
Abram thought to himself:
'Why is God asking me to leave
when my family and relatives are all here?'
"Abram, I will bless you.
You will be a blessing to many people.
I will watch over you and take care of you."
"Yes, Lord! I will trust your promise and leave."

So Abram obeyed God.
He left with his wife Sarai,
his nephew Lot, his servants, and everything he owned.
Leaving his home was not easy.
It was hard to go far away from his family and friends.
But Abram knew that God was with him.
So he followed God's words with joy in his heart.

God was very pleased with Abram's happy heart.
He gave him a new name, Abraham,
which means "father of faith."
God stayed with Abraham always.
He kept His promise and made a
great nation through him— Israel.

순종 태도 연습

나를 보호하는 분이 하나님임을 알아요.

내 주변에 나를 보호해 주시는 분들은 누구일까요?
부모님, 할머니, 할아버지, 선생님 등 많은 사람이 있어요.
하지만 그 누구보다 언제, 어디서나
나를 보호해 주시는 분은 바로 하나님이시지요.
나를 인도하시는 하나님을 크게 외쳐보세요.
"나를 보호하시는 분은 하나님이세요!"

순종

순종함으로 왕이 된 다윗

사무엘상 17:12-19, 42-49

12 다윗은 유다 땅 베들레헴에 있는 에브랏 사람 이새의 아들이다. 이새에게는 모두 아들이 여덟 명 있었는데, 사울이 다스릴 무렵에, 이새는 이미 나이가 매우 많은 노인이었다.

13 이새의 큰 아들 셋은 사울을 따라 싸움터에 나가 있었다. 군대에 가 있는 그 세 아들의 이름은, 맏아들이 엘리압이요, 둘째가 아비나답이요, 셋째가 삼마였다.

14 다윗은 여덟 형제 가운데서 막내였다. 위로 큰 형들 셋만 사울을 따라 싸움터에 나가 있었고,

15 다윗은 사울이 있는 곳과 베들레헴 사이를 오가며, 아버지의 양 떼를 치고 있었다.

16 그 블레셋 사람은 아침 저녁으로 가까이 나아와서, 계속 싸움을 걸어 왔고, 그런 지가 벌써 사십 일이나 되었다.

17 이 때에 이새가 자기 아들 다윗에게 일렀다. "여기에 있는 볶은 곡식 한 에바와 빵 열 덩어리를 너의 형들에게 가져다 주어라. 너는 그것을 가지고 빨리 진으로 가서, 너의 형들에게 주어라.

18 그리고 이 치즈 열 덩이는 부대장에게 갖다 드리고, 너의 형들의 안부를 물은 뒤에, 형들이 잘 있다는 증거물을 가지고 오너라."

19 그 무렵 사울은, 다윗의 형들을 비롯하여 이스라엘 군인을 모두 거느리고, 엘라 평지에서 블레셋 사람과 싸우고 있었다.

42 그 블레셋 사람은 다윗을 보고 나서, 그가 다만 잘생긴 홍안 소년에 지나지 않는다는 것을 알고는, 그를 우습게 여겼다.

43 그 블레셋 사람은 다윗에게 "막대기를 들고 나에게로 나아오다니, 네가 나를 개로 여기는 것이냐?" 하고 묻고는, 자기 신들의 이름으로 다윗을 저주하였다.

44 그 블레셋 사람이 다윗에게 말하였다. "어서 내 앞으로 오너라. 내가 너의 살점을 공중의 새와 들짐승의 밥으로 만들어 주마."

45 그러자 다윗이 그 블레셋 사람에게 말하였다. "너는 칼을 차고 창을 메고 투창을 들고 나에게로 나왔으나, 나는 네가 모욕하는 이스라엘 군대의 하나님 곧 만군의 주님의 이름을 의지하고 너에게로 나왔다.

46 주님께서 너를 나의 손에 넘겨 주실 터이니, 내가 오늘 너를 쳐서 네 머리를 베고, 블레셋 사람의 주검을 모조리 공중의 새와 땅의 들짐승에게 밥으로 주어서, 온 세상이 이스라엘의 하나님을 알게 하겠다.

47 또 주님께서는 칼이나 창 따위를 쓰셔서 구원하시는 것이 아니라는 것을, 여기에 모인 이 온 무리가 알게 하겠다. 전쟁에서 이기고 지는 것은 주님께 달린 것이다. 주님께서 너희를 모조리 우리 손에 넘겨 주실 것이다."

48 드디어 그 블레셋 사람이 몸을 움직여 다윗에게 점점 가까이 다가오자, 다윗은 재빠르게 그 블레셋 사람이 서 있는 대열 쪽으로 달려가면서,

49 주머니에 손을 넣어 돌을 하나 꺼낸 다음, 그 돌을 무릿매로 던져서, 그 블레셋 사람의 이마를 맞히었다. 골리앗이 이마에 돌을 맞고 땅바닥에 쓰러졌다.

순종함으로 왕이 된 다윗

베들레헴에 다윗이 살고 있었어요.
다윗은 부모님 말씀에 언제나 "네, 부모님!"하고
순종하는 어린 소년이었어요.

어느 날, 아버지 이새가 다윗에게 심부름을 시켰어요.
"다윗아, 전쟁터에 나가 있는 형들에게
떡과 곡식 그리고 치즈를 좀 가져다주고 오너라."
다윗은 아버지의 말씀에 즉시 순종하여 "네, 아버지!"라고 대답했어요.
아침 일찍 다윗은 아버지의 심부름을 나섰어요.
가는 길이 멀고 험했지만 무사히 도착했지요.
다윗은 가지고 온 떡과 곡식, 치즈를 형들에게 전달했어요.
그때 누군가 깔깔거리며 비웃는 소리가 들렸어요.
"하하하. 너희 중에 나를 상대할 사람이 한 사람도 없는 것이냐?
겁쟁이로군!"
키가 3미터나 되는 블레셋 나라의 골리앗 장군이
이스라엘 군사들을 무시하며 비웃고 있었어요.
몸이 집채만큼 큰 골리앗 앞에 나서는 사람은 아무도 없었어요.

그런데 그때! 다윗이 물매를 '휙휙' 돌리며 골리앗 앞에 나타났어요.
"감히 하나님의 군사를 비웃다니.
하나님의 이름으로 너에게 나아간다!"
다윗은 골리앗을 향해 달려가며 물매를 힘차게 돌렸어요.
돌멩이가 '슝' 소리와 함께 날아가 골리앗의 이마에 정확히 명중했어요.
거인 골리앗은 '쿵' 하고 쓰러지고 말았답니다.
다윗의 용맹스러움에 블레셋 군인들은 모두 도망가고
이스라엘이 전쟁에서 승리했어요.

하나님께서는 부모님의 말씀에 즉시 순종한 다윗을 인도해 주셨고,
그는 훗날 이스라엘의 두 번째 왕이 될 수 있었답니다.

David, Who Became King Through Obedience

David lived in Bethlehem.
He was a young boy who always responded to his parents by saying, "Yes, Father!" and obeyed.

One day, David's father Jesse asked him for a favor.
"David, please take some bread, grain, and cheese to your brothers at the battlefield."
David said right away, "Yes, Father!"
He obeyed without delay.
Early the next morning, David set out on the journey.
The road was long and rough, but he arrived safely.
David gave the food to his brothers.
Just then, he heard someone laughing loudly.
"Haha! Is there no one brave enough to fight me?
You are all cowards!"
It was Goliath, a Philistine warrior who was about three meters tall.
No one dared to stand before this giant.

But then, David stepped forward with his sling.
"You are mocking the army of God!
I come against you in the name of the Lord!"
David ran toward Goliath.
He swung his sling and let the stone fly—whoosh!
The stone hit Goliath right on the forehead—thud! He fell down!
The Philistine soldiers ran away in fear, and Israel won the battle that day.

God guided David, who obeyed his father's words immediately,
and he later became the second king of Israel.

순종 태도 연습

엄마, 아빠의 지시에 즉시 순종해요.

하나님께서 "자녀들아 모든 일에
부모에게 순종하라"(골로새서 3:20)고 말씀하셨어요.
부모님께 순종할 것을 명령하셨지요.
먼저 부모님께서 말씀하시면
즉시 "네!"하고 순종의 대답을 해보세요.
부모님께 순종하는 어린이는
곧 하나님께 순종하는 사람으로 자랄 수 있답니다.

순종

순종으로 행복을 찾은 룻

룻기 1:8-10, 14-18

8 나오미가 두 며느리에게 이르되 너희는 각기 너희
어머니의 집으로 돌아가라 너희가 죽은 자들과 나를
선대한 것 같이 여호와께서 너희를 선대하시기를
원하며

9 여호와께서 너희에게 허락하사 각기 남편의 집에
서 위로를 받게 하시기를 원하노라 하고 그들에게
입 맞추매 그들이 소리를 높여 울며

10 나오미에게 이르되 아니니이다 우리는 어머니와
함께 어머니의 백성에게로 돌아가겠나이다 하는지
라

14 그들이 소리를 높여 다시 울더니 오르바는 그의 시
어머니에게 입 맞추되 룻은 그를 붙좇았더라

15 나오미가 또 이르되 보라 네 동서는 그의 백성과
그의 신들에게로 돌아가나니 너도 너의 동서를 따라
돌아가라 하니

16 룻이 이르되 내게 어머니를 떠나며 어머니를 따
르지 말고 돌아가라 강권하지 마옵소서 어머니께서
가시는 곳에 나도 가고 어머니께서 머무시는 곳에서
나도 머물겠나이다 어머니의 백성이 나의 백성이 되
고 어머니의 하나님이 나의 하나님이 되시리니

17 어머니께서 죽으시는 곳에서 나도 죽어 거기 묻힐
것이라 만일 내가 죽는 일 외에 어머니를 떠나면 여
호와께서 내게 벌을 내리시고 더 내리시기를 원하나
이다 하는지라

18 나오미가 룻이 자기와 함께 가기로 굳게 결심함
을 보고 그에게 말하기를 그치니라

순종으로 행복을 찾은 룻

베들레헴에 살던 나오미의 가족은
낯선 이웃 나라로 이사를 왔어요.
두 아들을 결혼시키고 행복하게 살던 어느 날,
남편과 두 아들을 모두 잃고 말았지요.
나오미가 두 며느리에게 말했어요.
"며느리들아, 나는 이제 고향으로 돌아갈 거란다.
그러니 너희도 부모님께 돌아가서 새로운 사람과 결혼하여 행복하게 살거라."
두 며느리는 크게 엉엉 울었어요.
큰 며느리는 눈물을 뚝뚝 흘리며 집으로 돌아갔지요.

그런데 작은 며느리 룻은 나오미를 떠나지 않았어요.
"흑흑흑! 어머니, 저는 어머니와 함께 가겠습니다.
어머니의 하나님이 저의 하나님이에요."
나오미는 하는 수 없이 룻을 데리고 베들레헴으로 돌아왔어요.
룻은 나오미의 말에 언제나 순종하며
시어머니를 사랑하는 마음으로 정성껏 모셨어요.
나이가 많아 일하기 어려운 나오미의 몫까지 열심히 일하며 생활했지요.

나오미는 이런 룻에게 감동을 받았어요.
그래서 자신의 친척인 보아스와 결혼시키고 싶었지요.
"룻아, 나는 네가 보아스와 결혼하기를 원한단다.
오늘 밤 내가 말하는 대로 하렴."
"네, 어머니. 어머니의 말씀대로 따르겠습니다."
나오미의 말에 순종한 룻은 보아스와 결혼을 하게 되었어요.

사랑하는 마음으로 시어머니에게 순종하고
정성껏 모신 룻을 하나님께서 축복해 주셨어요.
그리고 모든 사람을 구원하신
예수님이 태어난 가문에 속하게 하셨답니다.

Ruth Found Joy in Obedience

Naomi's family lived in Bethlehem,
but they moved to a faraway country.
Her two sons got married, and they were happy.
But one day, Naomi lost her husband and both sons.
Naomi said to her daughters-in-law,
"My dear daughters, I will go back to my hometown.
You should go back to your families, marry again, and live happy lives."
The two daughters-in-law cried very hard.
The older one went home with tears falling down.

But Ruth, the younger one, stayed with Naomi.
"Mother," Ruth said, crying,
"I will go with you. Your God will be my God."
With no other choice,
Naomi returned to Bethlehem with Ruth.
Ruth always obeyed Naomi and served her with great love.
She worked hard, even doing extra work for Naomi.

Naomi was touched by Ruth's love.
She wanted Ruth to marry Boaz, her kind relative.
"Ruth, I want you to marry Boaz," Naomi said.
"Do as I tell you tonight."
"Yes, Mother, I will do just as you say." Ruth answered.
Ruth obeyed Naomi, and she married Boaz.

God blessed Ruth because she loved and obeyed her mother-in-law.
And God made her part of the family where Jesus, the Savior,
would one day be born.

순종 태도 연습

사랑의 마음으로 순종해요.

룻은 시어머니를 사랑함으로
나오미의 말에 순종했어요.
사랑의 표현은 바로 순종입니다.
엄마와 아빠를 사랑하는 마음으로
말씀에 순종하는 것이지요.
먼저 부모님이 자녀에게 충분한 사랑을 표현해 주세요.
올바른 사랑으로 자라난 자녀가
부모님께 순종으로 사랑을 표현하게 될 거랍니다.

순종

순종이 이끈 기드온의 승리

사사기 7:1-11, 16-21

1 여룹바알이라고도 하는 기드온과 그가 거느리는 모든 군대가 일찍 일어나, 하롯이라는 샘 곁에 진을 쳤는데, 미디안의 진은 거기에서 북쪽 골짜기에 있는 모레 언덕에 있었다.

2 주님께서 기드온에게 말씀하셨다. "네가 거느린 군대의 수가 너무 많다. 이대로는 내가 미디안 사람들을 네가 거느린 군대의 손에 넘겨 주지 않겠다. 이스라엘 백성이 나를 제쳐놓고서, 제가 힘이 세어서 이긴 줄 알고 스스로 자랑할까 염려된다.

3 그러니 너는 이제라도 그들에게 말하여, 두려워서 떨리는 사람은 누구든지, 길르앗 산을 떠나서 돌아가게 하여라." 기드온이 두려워서 떠는 자를 돌아가게 하니, 그들 가운데서 이만 이천 명이 돌아가고 만 명이 남았다.

4 주님께서 또 기드온에게 말씀하셨다. "군인이 아직도 많다. 그들을 물가로 데리고 내려가거라. 내가 너를 도와 거기에서 그들을 시험하여 보겠다. 내가 너에게 '이 사람이 너와 함께 나갈 사람'이라 일러주면, 너는 그 사람을 데리고 가거라. 내가 또 너에게 '이 사람은 너와 함께 나가지 못할 사람'이라 일러주면, 너는 그 사람은 데리고 가지 말아라."

5 기드온이 군대를 물가로 데리고 내려가니, 주님께서 기드온에게 이렇게 일러주셨다. "개가 핥는 것처럼 혀로 물을 핥는 사람과 무릎을 꿇고 물을 마시는 사람을 모두 구별하여 세워라."

6 손으로 물을 움켜 입에 대고 핥는 사람의 수가 삼백 명이었고, 그 밖의 백성들은 다 무릎을 꿇고 물을 마셨다.

7 주님께서 기드온에게 이르셨다. "물을 핥아먹은 삼백 명으로 너희를 구원하겠다. 미디안 사람들을 너의 손에 넘겨주겠다. 나머지 군인은 모두 온 곳으로 돌려보내라."

8 그래서 기드온은 물을 핥아먹은 삼백 명만 남겨 두고 나머지 이스라엘 군대는 각자의 집으로 돌려보냈다. 남은 삼백 명은 돌아가는 군인들에게서 식량과 나팔을 넘겨받았다. 미디안의 진은 그 아래 골짜기에 있었다.

9 그 날 밤 주님께서 기드온에게 말씀하셨다. "너는 일어나서 적진으로 쳐내려가거라. 내가 그들을 너의 손에 넘겨 주겠다.

10 네가 쳐내려가기가 두려우면, 너의 부하 부라와 함께 먼저 적진으로 내려가 보아라.

11 그리고 적들이 무슨 말을 하는지 들어보면, 네가 적진으로 쳐내려갈 용기를 얻을 것이다." 그는 자기의 부하 부라와 함께 적진의 끝으로 내려갔다.

16 그는 삼백 명을 세 부대로 나누고, 각 사람에게 나팔과 빈 항아리를 손에 들려 주었다. 빈 항아리 속에는 횃불을 감추었다.

17 그리고 이렇게 지시하였다. "너희는 나를 보고 있다가, 내가 하는 대로 하여라. 내가 적진의 끝으로 가서 하는 대로 따라 하여라.

18 나와 우리 부대가 함께 나팔을 불면, 너희도 적진의 사방에서 나팔을 불면서 '주님 만세! 기드온 만세!' 하고 외쳐라."

19 기드온과 그가 거느리는 군사 백 명이 적진의 끝에 다다른 것은, 미디안 군대의 보초가 교대를 막 끝낸 한 밤중이었다. 그들은 나팔을 불며 손에 든 항아리를 깨뜨렸다.

20 세 부대가 모두 나팔을 불며 단지를 깨고, 왼손에는 횃불을 들고, 오른손에는 나팔을 들고 불면서 "주님의 칼이다! 기드온의 칼이다!" 하고 외쳤다.

21 그리고 그들이 저마다 제자리에 서서 적진을 포위하니, 적군은 모두 아우성치며 달아났다.

순종이 이끈 기드온의 승리

하나님께서 기드온을 대장으로 세워 이스라엘 백성들을 괴롭히는
미디안 사람들을 혼내주기로 하셨어요.
기드온이 함께 싸울 병사들을 모았더니
삼만이천 명의 병사가 모였어요.
하나님께서 말씀하셨어요.
"기드온아, 병사의 수를 줄이도록 하여라.
많은 사람들이 싸운다면 전쟁에서 이겼을 때
나의 도움 없이 자기들의 힘으로 이긴 줄 알고 으쓱해 할 것이다.
아직 두려워 벌벌 떠는 사람이 있다면 당장 집으로 보내도록 하거라."
기드온은 하나님의 말씀에 순종했어요.
하나님께서 다시 말씀하셨어요.
"기드온아, 병사의 수를 더 줄이도록 하여라.
병사들을 데리고 물가로 가서 무릎을 꿇고 물을 마신 사람은 돌려보내고,
물을 손에 떠서 받아먹는 사람만 남겨두도록 하여라."
기드온은 하나님의 말씀에 순종했어요.

이제 병사는 겨우 삼백 명뿐이었어요.
"이제 횃불이 든 항아리와 나팔을 들고 미디안을 공격하거라.
너희에게 승리를 안겨 주겠다!"
기드온은 하나님의 약속을 믿고 끝까지 순종했어요.
칼과 방패가 아닌 하나님께서 지시하신 대로
횃불이 든 항아리와 나팔을 들고 전쟁터에 나갔지요.
"공격합시다! 모두 나팔을 불며 항아리를 깨뜨리십시오!"
기드온은 병사들에게 지시를 내렸어요.
"뿌우!", "쨍그랑!", "우당탕탕!"
큰 소리에 놀란 미디안 병사들은 깜짝 놀라
모두 허둥지둥 도망가 버렸어요.
하나님의 말씀에 순종한 기드온과 이스라엘 백성들에게
하나님께서는 큰 승리를 안겨 주셨답니다.

Gideon's Victory Through Obedience

God chose Gideon to be the leader to stop
the people of Midian who were hurting the Israelites.
Gideon called men to join the army and
thirty-two thousand soldiers came to help!
God said,
"Gideon, reduce the number of soldiers.
If they win the battle, they might think they did it on their own.
Tell anyone who is afraid to go home."
Gideon obeyed God's words.
God spoke again,
"Gideon, reduce the number of soldiers even more.
Take the men to the water, and those who kneel to drink, send home.
But those who scoop water with their hands may stay."
Gideon obeyed God again.

Now only three hundred soldiers were left!
"Take jars with torches inside and trumpets in your hands.
I will give you victory!"
Gideon believed God's promise and obeyed to the very end.
They didn't take swords or shields, but just as God said,
they went to battle with jars holding torches and trumpets.
"Attack! Break the jars and blow the trumpets!"
Gideon shouted to his men.
"Bwoo!", "Crash!", "Bang!"
The loud noise scared the Midian soldiers,
and they ran away in a big hurry!
Because Gideon and his men obeyed God's words,
God gave them a great victory!

순종 태도 연습

불평하지 않고 그대로 순종해요.

기드온은 이해할 수 없는 하나님의 지시에
불평하지 않고 그대로 순종하여
전쟁에서 큰 승리를 거두었어요.
어른들의 지시는 아이들의 유익을 위한 것이지만
아이들이 그것을 이해하지 못하고
따르기 싫어할 때가 많습니다.
'그대로 따라하기'와 연관된 놀이를 통해
아이들에게 순종에 대한 의미를 재미있게 심어주세요.

순종

사르밧 여인의 순종

열왕기상 17:8-16

8 주님께서 엘리야에게 말씀하셨다.

9 "이제 너는, 시돈에 있는 사르밧으로 가서, 거기에
서 지내도록 하여라. 내가 그 곳에 있는 한 과부에게
명하여서, 네게 먹을 것을 주도록 일러두었다."

10 엘리야는 곧 일어나서, 사르밧으로 갔다. 그가 성
문 안으로 들어설 때에, 마침 한 과부가 땔감을 줍고
있었다. 엘리야가 그 여인을 불러서 말하였다. "마
실 물을 한 그릇만 좀 떠다 주십시오."

11 그 여인이 물을 가지러 가려고 하니, 엘리야가 다
시 여인을 불러서 말하였다. "먹을 것도 조금 가져
다 주시면 좋겠습니다."

12 그 여인이 말하였다. "어른께서 섬기시는 주 하나
님께서 살아 계심을 두고 맹세합니다. 저에게는 빵
한 조각도 없습니다. 다만, 뒤주에 밀가루가 한 줌
정도, 그리고 병에 기름이 몇 방울 남아 있을 뿐입니
다. 보시다시피, 저는 지금 땔감을 줍고 있습니다. 이
것을 가지고 가서, 저와 제 아들이 죽기 전에 마지막
으로, 남아 있는 것을 모두 먹으려고 합니다."

13 엘리야가 그 여인에게 말하였다. "두려워하지 말
고 가서, 방금 말한 대로 하십시오. 그러나 음식을
만들어서, 우선 나에게 먼저 가지고 오십시오. 그 뒤
에 그대와, 아들이 먹을 음식을 만들도록 하십시오.

14 주님께서 이 땅에 다시 비를 내려 주실 때까지, 그
뒤주의 밀가루가 떨어지지 않을 것이며, 병의 기름이
마르지 않을 것이라고, 주 이스라엘의 하나님께서
말씀하셨습니다."

15 그 여인은 가서, 엘리야의 말대로 하였다. 과연
그 여인과 엘리야와 그 여인의 식구가 여러 날 동안
먹었지만,

16 뒤주의 밀가루가 떨어지지 않고, 병의 기름도 마르
지 않았다. 주님께서 엘리야를 시켜서 하신 주님의
말씀대로 되었다.

사르밧 여인의 순종

이스라엘의 사르밧이라는 동네에
남편을 잃은 한 여인이 아들과 단둘이 힘겹게 살고 있었어요.

어느 날,
들판에서 나뭇가지를 줍고 있던 여인에게
누군가 다가와 말을 건넸어요.
바로 엘리야 선지자였지요.
"실례지만 먹을 것을 좀 줄 수 있나요?"
엘리야 선지자의 말에 여인은
슬픈 표정으로 한숨을 푹 쉬었어요.
"저희 집에는 먹을 것이 없어요.
있는 거라곤 밀가루 한 주먹과 기름 조금뿐입니다.
사실 이 남은 것으로 마지막 빵을 만들어 먹으려 했어요.
이것을 먹고 나면 저와 제 아들은 굶어 죽고 말 거예요.
흑흑흑."

"걱정하지 말고 빵을 만들어 오세요.
하나님께서 통에 밀가루와 기름이
떨어지지 않을 것이라 말씀하셨습니다."
믿을 수 없는 말이었지만
여인은 고개를 끄덕이며 순종했어요.
여인이 마지막 남은 밀가루와 기름으로 만든 빵을
엘리야에게 주자 놀라운 일이 일어났어요.
엘리야의 말대로 항아리 안의 밀가루와,
병 속의 기름이 떨어지지 않는 거예요!

하나님께서는 힘든 상황에서도
순종한 여인에게 약속한 대로 축복을 주셨답니다.

The Obedient Widow of Zarephath

In a town called Zarephath in Israel,
a woman who had lost her husband was living with her son.
They were having a very hard time.

One day,
while the woman was picking up sticks in a field,
someone came up to her and spoke.
It was the prophet Elijah!
"Excuse me, Could you give me something to eat?"
The woman looked very sad and let out a deep sigh.
"We don't have any food.
All we have is a handful of flour and a little bit of oil.
I was going to make our last meal with it. After that,
my son and I will have nothing left to eat.
We may die..."

Elijah gently said,
"Don't worry. Go and make the bread.
God has said that your jar of flour and jug of oil will not run out."
Even though it was hard to believe,
the woman nodded and chose to obey.
The woman gave Elijah the bread
she made with the last bit of flour and oil,
and then something amazing happened!
Just as Elijah said, the jar never ran out of flour,
and the oil jug never became empty!

God blessed the woman just as He had promised,
because she obeyed Him even in a hard time.

순종 태도 연습

힘들 때도 하나님의 말씀에 순종해요.

힘든 상황에서도 사르밧 여인이
엘리야의 말에 순종할 수 있었던 이유는
바로 하나님의 약속을 믿었기 때문이에요.
하나님을 믿고 힘들 때에도
순종하는 어린이에게 놀라운 축복을 주신답니다.
모든 일에 하나님을 믿고 신뢰할 것을 다짐해 보세요.

순종

나아만 장군의 깨달음

열왕기하 5:1-14

1 시리아 왕의 군사령관 나아만 장군은, 왕이 아끼는 큰 인물이고, 존경받는 사람이었다. 주님께서 그를 시켜 시리아에 구원을 베풀어 주신 일이 있었다. 나아만은 강한 용사였는데, 그만 나병에 걸리고 말았다.

2 시리아가 군대를 일으켜서 이스라엘 땅에 쳐들어갔을 때에, 그 곳에서 어린 소녀 하나를 잡아 온 적이 있었다. 그 소녀는 나아만의 아내의 시중을 들고 있었다.

3 그 소녀가 여주인에게 말하였다. "주인 어른께서 사마리아에 있는 한 예언자를 만나 보시면 좋겠습니다. 그분이라면 어른의 나병을 고치실 수가 있을 것입니다."

4 이 말을 들은 나아만은 시리아 왕에게 나아가서, 이스라엘 땅에서 온 한 소녀가 한 말을 보고하였다.

5 시리아 왕은 기꺼이 허락하였다. "내가 이스라엘 왕에게 편지를 써 보내겠으니, 가 보도록 하시오." 나아만은 은 열 달란트와 금 육천 개와 옷 열 벌을 가지고 가서,

6 왕의 편지를 이스라엘 왕에게 전하였다. 그 편지에는 이렇게 씌어 있었다. "내가 이 편지와 함께 나의 신하 나아만을 귀하에게 보냅니다. 부디 그의 나병을 고쳐 주시기 바랍니다."

7 이스라엘 왕은 그 편지를 읽고 낙담하여, 자기의 옷을 찢으며, 주위를 둘러보고 말하였다. "내가 사람을 죽이고 살리는 신이라도 된다는 말인가? 이렇게 사람을 보내어 나병을 고쳐 달라고 하니 될 말인가? 이것은 분명, 공연히 트집을 잡아 싸울 기회를 찾으려는 것이니, 자세히들 알아보도록 하시오."

8 이스라엘 왕이 낙담하여 옷을 찢었다는 소식을, 하나님의 사람 엘리사가 듣고, 왕에게 사람을 보내어 말하였다. "어찌하여 옷을 찢으셨습니까? 그 사람을 나에게 보내 주십시오. 이스라엘에 예언자가 있음을 그에게 알려 주겠습니다."

9 나아만은 군마와 병거를 거느리고 와서, 엘리사의 집 문 앞에 멈추어 섰다.

10 엘리사는 사환을 시켜서 나아만에게, 요단 강으로 가서 몸을 일곱 번 씻으면, 장군의 몸이 다시 깨끗하게 될 것이라고 말하였다.

11 나아만은 이 말을 듣고 화가 나서 발길을 돌렸다. "적어도, 엘리사가 직접 나와서 정중히 나를 맞이하고, 주 그의 하나님의 이름을 부르며 상처 위에 직접 안수하여, 나병을 고쳐 주어야 도리가 아닌가?

12 다마스쿠스에 있는 아마나 강이나 바르발 강이, 이스라엘에 있는 강물보다 좋지 않다는 말이냐? 강에서 씻으려면, 거기에서 씻으면 될 것 아닌가? 우리 나라의 강물에서는 씻기지 않기라도 한다는 말이냐?" 하고 불평하였다. 그렇게 불평을 하고 나서, 나아만은 발길을 돌이켜, 분을 참지 못하며 떠나갔다.

13 그러나 부하들이 그에게 가까이 와서 말하였다. "장군님, 그 예언자가 이보다 더한 일을 하라고 하였다면, 하지 않으셨겠습니까? 다만 몸이나 씻으시라는데, 그러면 깨끗해진다는데, 그것쯤 못할 까닭이 어디에 있습니까?"

14 그리하여 나아만은 하나님의 사람이 시킨 대로, 요단 강으로 가서 일곱 번 몸을 씻었다. 그러자 그의 살결이 어린 아이의 살결처럼 새 살로 돌아와, 깨끗하게 나았다.

나아만 장군의 깨달음

"정말 괴로워. 이 병을 고칠 수만 있다면…"
아람 나라의 장군 나아만은
피부병으로 고통스러워했어요.
그때 한 여종이 이야기했어요.
"주인님, 사마리아에 사는 엘리사 선지자를 만나보세요.
그 선지자라면 어떤 병이든 다 고칠 수 있을 거예요!"

나아만은 희망을 품고 즉시 사마리아로 갔어요.
말과 마차에는 엘리사에게 줄 선물을 가득 실었지요.
"이제 드디어 병이 나을 수 있겠구나!"
엘리사의 집에 도착하자
그곳에는 엘리사가 아닌 그의 종이 나아만 장군을 맞이했어요.
"저는 엘리사 선지자의 말을 전하러 왔습니다.
요단 강으로 가서 일곱 번 몸을 씻으면 병이 나을 것입니다."
이 말을 들은 나아만은 얼굴이 붉으락푸르락해지며 몹시 화를 냈어요.
"엘리사가 직접 나와 내 병든 몸에 손을 얹고 기도를 해줄 줄 알았더니
코빼기도 안 비치는구나! 우리나라에는 요단 강보다 더 깨끗한 강이 많으니,
여기서 씻을 필요가 없다! 어서 돌아가자!"

그러자 신하들이 나아만에게 말했어요.
"장군님, 엘리사 선지자가 이보다 더 어려운 일을 시켰어도 당연히 하셨을 거잖아요?
그저 몸을 씻으라는 쉬운 지시인데, 왜 따르지 않고 돌아가려 하십니까?"
나아만은 화를 꾹 참고 요단 강 물에 들어가 몸을 씻었어요.
한 번, 두 번, 세 번, 네 번, 다섯 번, 여섯 번!
나아만의 몸은 깨끗해지지 않았어요.
그런데 일곱 번째 몸을 씻으니 놀라운 일이 일어났어요.
"나았다! 다 나았어!
내 피부가 깨끗해졌다!"
나아만은 순종함으로 몸이 깨끗하게 나았답니다.

The Realization of General Naaman

"Oh, I feel so sick… I wish I could be healed."
Naaman, a commander of the army of Aram,
was suffering from a skin disease.
One day, a young servant girl said,
"Master, you should go see the prophet Elisha in Samaria.
He can heal any disease!"

Naaman felt hopeful and left for Samaria right away.
He loaded his horses and chariots with gifts for Elisha.
"Maybe this time, I'll really get better!"
When he arrived at Elisha's house,
a servant greeted Naaman instead of Elisha.
"I bring a message from Elisha.
Go and wash in the Jordan River seven times, and you will be healed."
Naaman became very angry and shouted,
"I thought Elisha would come out and pray over me himself!
We have better rivers in my country!
I won't wash in that muddy river. Let's go home!"

But his servants gently said,
"Sir, if the prophet had asked you to do something hard,
wouldn't you have done it? Why not try something so simple?"
Naaman took a deep breath and went into the Jordan River.
One time, two times, three times… four, five, six times!
But nothing changed.
Then, when he dipped in the seventh time,
something amazing happened!
"I'm healed! I'm really healed! My skin is clean again!"
Because Naaman obeyed, God made him well again.

순종 태도 연습

믿음으로 순종해요.

나를 보호하는 사람에 대한 믿음이 있을 때
우리는 순종할 수 있어요.
믿음이 콩알만큼 작을지라도
순종할 수 있는 큰 힘이 되어
놀라운 축복을 우리에게 선물해 주지요.
아이를 보호하는 어른들은
아이들이 신뢰할 수 있도록 말하고 행동해 주세요.
자녀를 순종하게 만드는 큰 원동력이 될 것입니다.

순종

순종의 예수님

누가복음 2:51-52

51 예수는 부모와 함께 내려가 나사렛으로 돌아가서,
그들에게 순종하면서 지냈다. 예수의 어머니는 이 모
든 일을 마음에 간직하였다.

52 예수는 지혜와 키가 자라고, 하나님과 사람에게
더욱 사랑을 받았다.

순종의 예수님

예수님께서는 하나님의 놀라운 구원 계획에 따라
사람의 모습으로 이 땅에 오셨어요.

우리와 똑같은 아기의 몸으로
마리아를 통해 태어나셨지요.
예수님의 엄마 이름은 마리아, 아빠 이름은 요셉이에요.
아빠 요셉의 직업은 목수였어요.
나무로 식탁도 만들고 의자도 만들었어요.
'뚝딱뚝딱' 망치질 하나로
신기한 물건들을 많이 만들었어요.
어린 예수님은 아빠가 식탁을 만들 때
옆에서 붙잡아주기도 하고,
'쓱싹쓱싹' 대패질로 나무를 깎으며
아빠를 도와 목수일을 했어요.
그리고 엄마의 지시에 따라 동생을 잘 돌봐주기도 하고,
심부름도 기쁘게 척척 해냈지요.
예수님은 아빠의 말씀에도 엄마의 말씀에도 순종하여
듬뿍 사랑을 받는 사람으로 자라났어요.
동네 사람들도 순종하는 예수님에게 칭찬을 아끼지 않았지요.
"예수는 참 순종을 잘하는구나!
정말 사랑스러운 아이야!"
하나님과 부모님 그리고 많은 사람이
기쁘게 순종하는 예수님을 사랑스러워했어요.

어른이 된 예수님은 우리를 구원하시려는
하나님의 말씀에 순종하셨어요.
십자가에 못 박히셔서 우리의 모든 죄를 깨끗하게 씻어주셨지요.
예수님께서는 순종의 성품으로
우리에게 구원의 문을 열어주셨답니다.

Jesus, the Model of Obedience

Jesus came to this world as a man,
just as God's wonderful plan of salvation.

He was born as a baby, just like us,
through a woman named Mary.
Jesus' mother was Mary, and His father's name was Joseph.
Joseph was a carpenter.
He made tables and chairs out of wood.
With a "tap tap," he built many useful things.
Little Jesus helped His father.
He held the table while Dad worked,
and shaved wood with a "swish swish."
Jesus also helped His mother at home.
He looked after His younger siblings and ran errands with joy.
He obeyed both His father and mother,
and grew up as a loved child.
The neighbors also praised Jesus.
"Jesus listens so well!
What a lovely child!"
God, His parents, and many people loved
Jesus for His joyful heart.

When Jesus became a grown-up,
He obeyed God's Word to save us.
He died on the cross and washed away all our sins.
Through His obedience,
Jesus opened the way to salvation for us.

순종 태도 연습

하나님의 말씀에 기쁘게 순종해요.

하나님을 사랑하는 사람은
바로 하나님의 말씀에 순종하는 사람입니다.
어렸을 때부터 성경을 가까이하는 사람은
하나님의 말씀에 기쁘게 반응하는
믿음의 사람으로 자랄 수 있지요.
성경을 기쁘게 여기고, 말씀 듣기를 좋아하는
성품 리더가 될 것을 약속해 보세요.

순종

베드로의 순종

누가복음 5:1-11

1 예수께서 게네사렛 호숫가에 서 계셨다. 그 때에 무리가 예수께 밀려와 하나님의 말씀을 들었다.

2 예수께서 보시니, 배 두 척이 호숫가에 대어 있고, 어부들은 배에서 내려서, 그물을 씻고 있었다.

3 예수께서 그 배 가운데 하나인 시몬의 배에 올라서, 그에게 배를 뭍에서 조금 떼어 놓으라고 하신 다음에, 배에 앉으시어 무리를 가르치셨다.

4 예수께서 말씀을 그치시고, 시몬에게 말씀하셨다. "깊은 데로 나가, 그물을 내려서, 고기를 잡아라."

5 시몬이 대답하였다. "선생님, 우리가 밤새도록 애를 썼으나, 아무것도 잡지 못했습니다. 그러나 선생님의 말씀을 따라 그물을 내리겠습니다."

6 그런 다음에, 그대로 하니, 많은 고기 떼가 걸려들어서, 그물이 찢어질 지경이었다.

7 그래서 그들은 다른 배에 있는 동료들에게 손짓하여, 와서 자기들을 도와달라고 하였다. 그들이 와서, 고기를 두 배에 가득히 채우니, 배가 가라앉을 지경이 되었다.

8 시몬 베드로가 이것을 보고, 예수의 무릎 앞에 엎드려서 말하였다. "주님, 나에게서 떠나 주십시오. 나는 죄인입니다."

9 베드로 및 그와 함께 있는 모든 사람은, 그들이 잡은 고기가 엄청나게 많은 것에 놀랐던 것이다.

10 또한 세베대의 아들들로서 시몬의 동료인 야고보와 요한도 놀랐다. 예수께서 시몬에게 말씀하셨다. "두려워하지 말아라. 이제부터 너는 사람을 낚을 것이다."

11 그들은 배를 뭍에 댄 뒤에, 모든 것을 버려 두고 예수를 따라갔다.

베드로의 순종

예수님께서 배 위에서
사람들에게 하나님의 말씀을 전하고 계셨어요.
그런데 한 쪽에서 어부들이 한숨을 푹푹 쉬며
그물을 정리하고 있었어요.
바로 베드로와 그의 동료들이었어요.
"휴~ 어제 밤부터 한 마리도 잡지 못하다니...
텅텅 빈 그물만 가지고 집에 가게 생겼는걸."

예수님께서 베드로에게 다가가 말씀하셨어요.
"베드로야, 호수 깊은 곳에 가서 그물을 던져 물고기를 잡으렴."
"예수님, 밤새도록 그물을 던졌지만 한 마리도 잡지 못했어요...
하지만 예수님의 말씀에 순종하여
다시 한 번 그물을 던져보도록 하겠습니다.
하나, 둘, 셋!"
베드로가 호수 깊은 곳에 그물을 '휘익' 던졌어요.

그러자 놀라운 일이 일어났어요.
"야고보! 요한! 이리 와서 나를 좀 도와주게!"
베드로가 던진 그물에 물고기가 아주 많이 잡힌 거예요.
베드로의 친구들이 영차영차 도와줘서 겨우 그물을 끌어올렸어요.
물고기는 배 두 척에 가득 찰 정도로 많이 잡혔지요.
깜짝 놀란 베드로는 예수님 앞에 무릎을 꿇어 납작 엎드렸어요.
"예수님, 저는 죄인입니다. 저를 떠나주세요."
두려워하는 베드로에게 예수님께서 말씀하셨어요.
"베드로야, 두려워하지 마라.
너는 이제 사람을 구원하는 사람이 될 것이다!"
베드로는 그물과 물고기, 그리고 배를 버려두고 예수님을 따라갔어요.
그 후 예수님을 따르는 제자가 되었답니다.

Peter's Obedience

Jesus was on a boat,
teaching the people about God's Word.
But nearby,
some fishermen were sighing and cleaning their nets.
It was Peter and his friends.
"Sigh… We fished all night, but didn't catch even one fish.
We're going home with empty nets."

After Jesus finished speaking,
He went to Peter and said,
"Peter, go out to the deep water and throw your net to catch fish."
"Jesus, we worked hard all night and caught nothing…
But because You said so,
I'll throw the net one more time.
One, two, three!"
Peter threw the net into the deep water—whoosh!"

Then something amazing happened.
"James! John! Come and help me!"
Peter's net was full of fish!
His friends helped pull the net—heave-ho!
They filled two boats until they were almost sinking!
Surprised and amazed, Peter fell to his knees before Jesus.
"Jesus, I am a sinner.
Please go away from me."
To the frightened Peter, Jesus gently said,
"Peter, don't be afraid. From now on, you will bring people to God!"
Peter left his nets, his fish, and his boat behind.
He followed Jesus and became His disciple.

순종 태도 연습

예의 바른 태도로 순종해요.

베드로는 누구보다 물고기를 잡는 일에
뛰어난 사람이었어요.
하지만 예수님의 말씀에 예의 바르게
자신의 상황을 이야기하고 순종했지요.
순종할 때 내 생각을 이야기하고 싶었던 적이 있나요?
먼저 "네!"라고 대답하고
예의 바른 모습으로 내 생각을 이야기하세요.
정중하게 제안하는 모습도 순종의 백점짜리 태도랍니다.

순종이란

'나를 보호하고 있는 사람들의 지시에 좋은 태도로 기쁘게 따르는 것'

(좋은나무성품학교 정의)입니다.

가정에서 순종을 가르치는 것은
더 행복한 자녀가 되기를 바라는 부모로서의 책임입니다.
또 자녀에게 순종을 가르칠 때 부모님 말씀뿐만 아니라
하나님 말씀에 순종하는 아이로 자라게 되지요.

어려서부터 자신을 보호하고 있는 사람들이 누구인지 알고,
올바른 지시에 기쁜 태도로 따르는
순종의 성품은 아름다운 관계를 맺게 하고,
행복한 인생의 문을 열어주는 첫걸음입니다.

다음 세대의 행복한 미래를 위해서
'순종'이라는 축복의 문을 열어주세요.

"자녀들아 주 안에서 너희 부모에게 순종하라 이것이 옳으니라"

(에베소서 6장 1절)

재미있는 성경이야기로 배우는 하나님의 사랑

CHARACTER BIBLE

성품바이블